Pour Bärbel et Lucian
Amitiés Birmanes
22/08/15

BIRMANIE

d'Or et de Lumière

Photographies | ဖုန်းမြင့် | Miguel Cruz

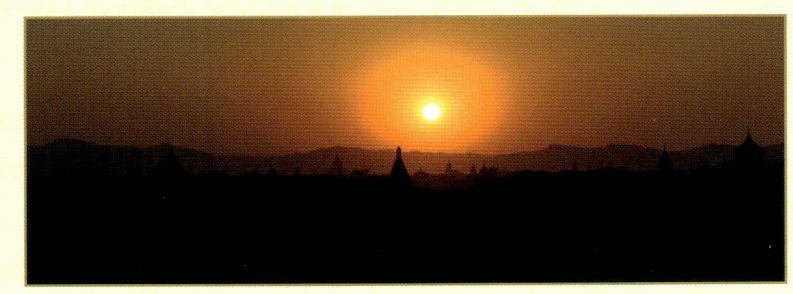

Photo de couverture : Ei Nyen Htay, dans son village de Linthar, Ngapali (golfe du Bengale, État d'Arakan).

À ma femme... ချိုချိုပြုံး:
Bettina *Cho-Cho Pyone* (Sucrée Sucrée Souriante)

Mes enfants...
Emilio ခိုင်သာငင် *Lwin Moé* (Pluie agréable)
Lilly လွင်မိုး: *Khine Thazin* (Fleur royale)

"*La beauté est la richesse des pauvres*"
Proverbe birman

BIRMANIE d'Or et de Lumière

SOMMAIRE

Préface	8
Mot de l'auteur	10
Myanmar	11
Paysages	12
Moines	32
Temples	48
Birmanes	62
Birmans	82
Enfants	100
Faune	128
Transports	152
Marchés	178
Habitations	220
Couleurs	248
Un Regard, un Enfant	272
Remerciements	274

Préface

Pendant tous ces jours où j'étais assignée à résidence, j'avais l'impression de ne plus faire partie du monde réel. Ce que le prix Nobel a fait, c'est de me replacer dans le monde des autres êtres humains, au-delà de l'endroit isolé dans lequel je vivais. Ce prix m'a redonné le sens de la réalité.

J'ai été une prisonnière politique, et vous qui me lisez, souvenez-vous de cette vérité si souvent répétée : Un prisonnier de conscience est un prisonnier de trop.

Je demande à tous les pays démocratiques de soutenir les réformes qui peuvent permettre d'améliorer les conditions de vie et d'ouvrir de nouvelles possibilités pour le peuple de Birmanie, qui a été si longtemps privé de ses droits et de sa place dans le monde durant 49 années de régime militaire dictatorial et implacable.

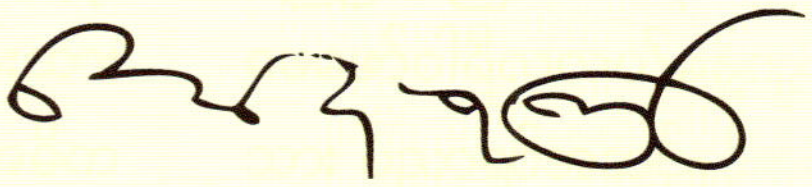

Aung San Suu Kyi
Prix Nobel de la paix 1991

< Photo d'Aung San, père de l'indépendance de la Birmanie (1948). Il a été assassiné le 19 juillet 1947.

*"Deux choses participent à la connaissance:
le silence tranquille et l'intériorité."*

Bouddha

Mot de l'auteur

Grâce à ma femme Bettina qui m'a fait découvrir la Birmanie, je suis tombé amoureux de ce pays unique au monde. Dès notre premier voyage en 2009, j'ai eu le coup de foudre pour sa philosophie, son art de vie, la nature de ses relations humaines, ses préceptes bouddhistes, ses paysages époustouflants de beauté, parsemés de seins d'or (stûpas), de sourires spontanés et candides, sa cuisine complexe qui réveille les papilles, sa sérénité qui incite à la rêverie et au respect de l'autre, à la spiritualité…

La démocratie qui vient de naître en Birmanie sera un long chemin, il faut savoir qu'il existe plus de 130 minorités ethniques avec leur langue et leur culture propres. L'hétérogénéité de cette population est à l'origine des nombreux problèmes intercommunautaires qu'a connus le pays.
Le côté sombre de la Birmanie reste entier : il est le deuxième pays producteur mondial d'opium, l'un des premiers s'agissant de corruption, de trafic de rubis, de saphirs, de jades, de teck et d'armes avec ses pays voisins.

Parmis les fléaux qui gangrènent aujourd'hui la Birmanie :
- U Wirathu, moine bouddhiste haineux envers les musulmans
- La culture du pavot dans le Triangle d'or, sous couvert de l'armée
- L'exploitation des rubis qui profite exclusivement aux riches proches du pouvoir
- L'exploitation du teck détenu par les ex-militaires

Le taux de scolarité est l'un des plus bas au monde, la pauvreté reste un fléau immense… L'ancienne dictature, ayant troqué ses costumes militaires contre des costumes civils, ne réglera pas tout, et la vigilance d'Aung San Suu Kyi ne suffira pas. C'est la communauté internationale qui doit être vigilante et exigeante, afin que la population birmane puisse accéder à une vie meilleure et plus juste.

Miguel Cruz ပုန်းမြင့် *Phône Myint* (Puissance élevée)

Myanmar
République de l'Union du Myanmar

Administration
Forme de l'État : république
Président de la République : Thein Sein
Langue officielle : birman
Capitale : Naypyidaw

Géographie
La plus grande ville : Rangoun (Yangon)
Superficie totale : 678 500 km² (classé 40e)
Superficie en eau : 23 070 km² (3,41 %)
Fuseau horaire : UTC +6h30

Histoire
Indépendance du Royaume-Uni le 4 janvier 1948

Démographie
Gentilé : birman, birmane ou plus rarement myanmarais, myanmaraise
Population totale (2014) : 51 millions hab. (classé 24e)
Densité : 90 hab./km²

Principaux groupes ethniques	Régions	Capitales
Chin	Ayeyarwady	Pathein
Kachin	Bago	Pégou
Karen	Magway	Magwe
Kayah	Mandalay	Mandalay
Môn	Sagaing	Sagaing
Rakhine	Tanintharyi	Tavoy
Shan	Yangon	Rangoon

Économie
PIB : $ 53 milliards
PIB par habitant (2010) : 1 197 $
Indice de développement humain : 149e rang mondial sur 187

Monnaie : Kyat (MMK)
1 euro = 1 220,00 Kyats / 1000 Kyats = 0,80 euro

Religion
Bouddhisme Theravāda (90 % de la population)

États / Divisions :
- Kachin
- Shan
- Sagain
- Kayah
- Chin
- Bago
- Magwe
- Yangon
- Arakan
- Kayin
- Ayeyarwady
- Môn
- Mandalay
- Tanintharyi

Paysages

La Birmanie est une ode à la beauté infinie.

Sa lumière chaude et douce enflamme les stûpas d'or, fait scintiller l'Irrawaddy du nord au sud, caresse le visage des montagnes du Nord, teinte les temples de Pagan jusqu'à la perfection. Jamais je n'ai eu un tel plaisir à me poser là et contempler ces paysages qui appellent à la sagesse, à l'humilité, au silence intérieur, à la paix.

Comment ne pas oublier le rocher d'or comme tombé du ciel divin, la brume envoûtante sur les montagnes de Kalaw, les vertes rizières géométriques, poumon de la terre nourricière, le ciel d'un bleu intense virant à l'orange, au rose, mauve, pourpre et violet profond pour venir mourir dans le golfe du Bengale.

Autant de beautés que le temps n'a pas altérées, bien au contraire. Il sublime sans cesse ces paysages immobiles, joyaux de la Birmanie. Ce régal des yeux appelle au respect et à la sauvegarde de ce patrimoine naturel si cher aux Birmans.

< Nuit tombante sur la route de Bagan (Région de Mandalay).

> *Le monde est aveugle.*
> *Rares sont ceux qui voient.*
>
> Bouddha

Aube sur la route du Kyaiktiyo (Région de Bago). ∧
Retour de Mingun sur le fleuve Ayeyarwady (Région de Mandalay). >

Soleil couchant sur une pagode à Bago. ∧
Kyaiktiyo, rocher couvert de feuilles d'or / "Golden Rock" (Région de Bago). >

Brumes matinales sur Nyaugshwe, lac Inlé (État Shan).

Montagnes à l'approche de Kyaing Tong (État Shan).

Rizières près de Kengtung (est de l'État Shan).

Rizières aux abords de l'Irrawaddy (Région de Mandalay).

∧ Lumières du soir sur les remparts du fort de Mandalay (Région de Mandalay).
< Coucher de soleil flamboyant sur le golfe du Bengale, Ngapali (État d'Arakan).

Monastère bouddhiste à Myitkyina (État Kachin).

Planteurs de riz rentrant chez eux aux abords de Kyaing Tong (État Shan).

Pêcheurs nocturnes sur l'Irrawaddy entre Mingun et Mandalay (Région de Mandalay).

Navigation matinale sur le lac Inle (État Shan).

Rivière et montagnes sur la route de Kengtung (État Shan).

Stûpas perchés, route de Loikaw (État Kayah).

Soleil flamboyant sur le chemin de Tangoo (Région de Bago). ∧
Ciel divin sur les palmiers de la pagode Shwedagon, Yangon. >

Moines

Les moines (et non bonzes) pratiquent le bouddhisme Theravāda, appelé aussi "doctrine des Anciens" ou " Petit Véhicule ".

Un moine ne doit posséder que neuf objets indispensables : les trois pièces de leur robe, un bol laqué noir pour rassembler l'aumône, un rasoir, une aiguille pour réparer la robe, un éventail, un tissu de linge blanc qui recevra les cheveux du garçon, le filtre à eau pour ôter les êtres vivants de son eau afin que ni eux ni le moine ne soient blessés !

Le moine fait vœu de pauvreté et de chasteté ; il ne doit pas toucher une femme, même sa propre mère. Il n'a pas le droit d'utiliser de parfums, de danser, de posséder de l'argent, de dormir sur un lit confortable, ni de conduire. Il ne peut faire de bruit, crier ou attirer l'attention, il marche silencieusement. On ne lui serre pas la main, on s'assoit plus bas que lui, on lui offre des cadeaux à deux mains. Une femme ne doit pas toucher un moine et nul ne doit marcher dans son ombre, qui fait partie de sa personnalité. 90 % de la population est bouddhiste et on dénombre aujourd'hui entre 450 000 et 500 000 moines en Birmanie.

<Moinillon de Kengtung, capitale de la région du Triangle d'or (État Shan).

Il y a quatre pensées illimitées : l'amour, la compassion, la joie et l'égalité d'âme…

Bouddha

Moines mendiant de la nourriture pour assurer leur subsistance quotidienne, route de Tangoo (Région de Bago). ∧
Dara, 7 ans, jeune novice, Pyin-U-Lwin (État Shan). >

Moine étudiant la vie de Bouddha, monastère de Kengtung, capitale du Triangle d'or (État Shan).

Jeune moine dans le monastère de Heho (État Shan).

Jeunes enfants moines au repos, village de Linthar, golfe du Bengale (État d'Arakan).

Jeunes moines dans les rues de Yangon.

Moines bouddhistes assis sur les briques du temple de Mingun (Région de Mandalay).

Quotidien d'un moine, monastère de Myitkyina (État Kachin).

À la découverte du portable, moines en visite à Loikaw (État Kayah).

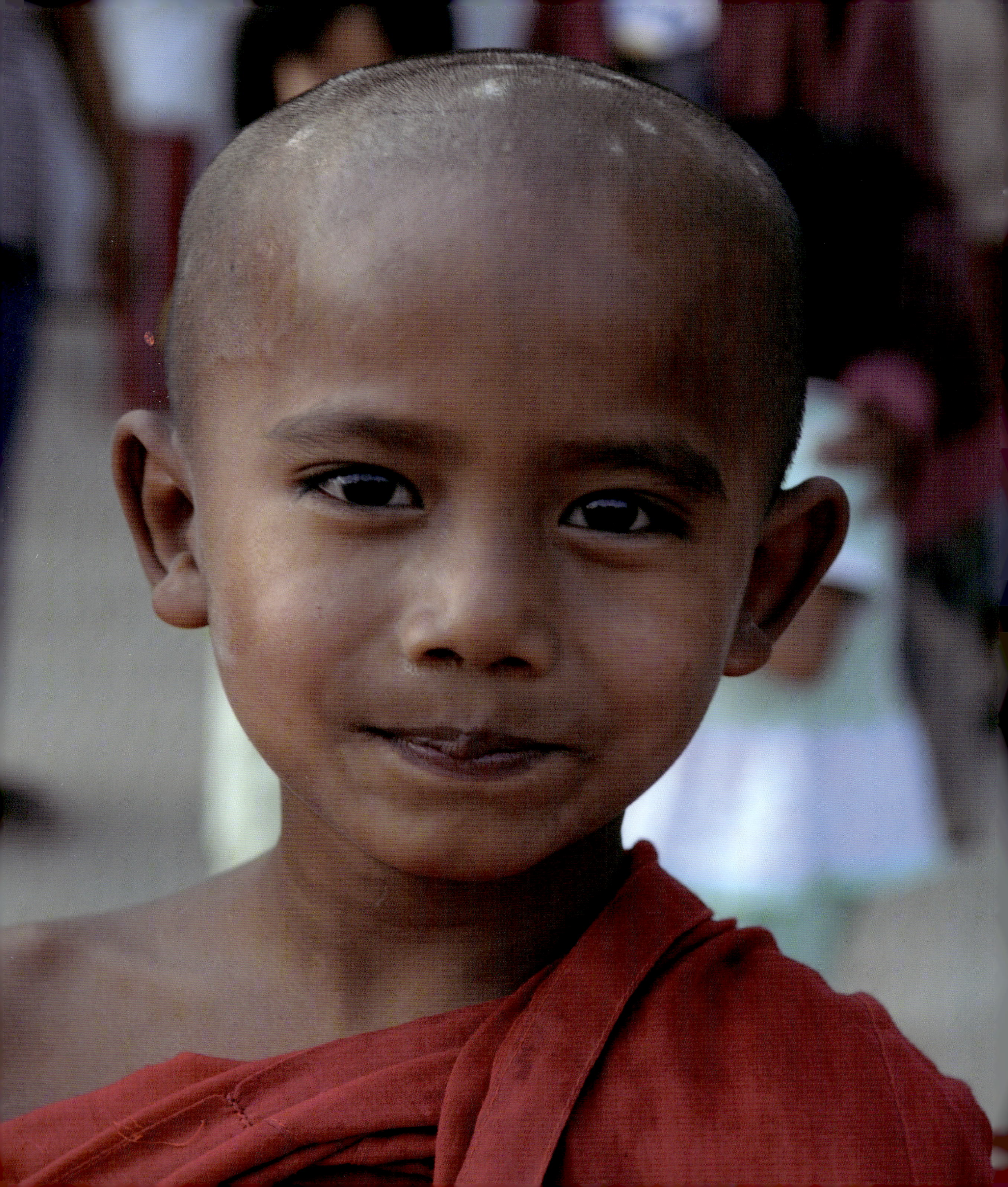

∧ Enfant moine faisant sécher des feuilles de palmier, monastère de Keng Tung (État Shan).
< Ny Wyn, jeune moine du mont Popa (Région de Mandalay).

Myo, moine depuis l'âge de 7 ans, Yangon. ∧
Vieux moine de Loikaw, en promenade (État Kayah). >

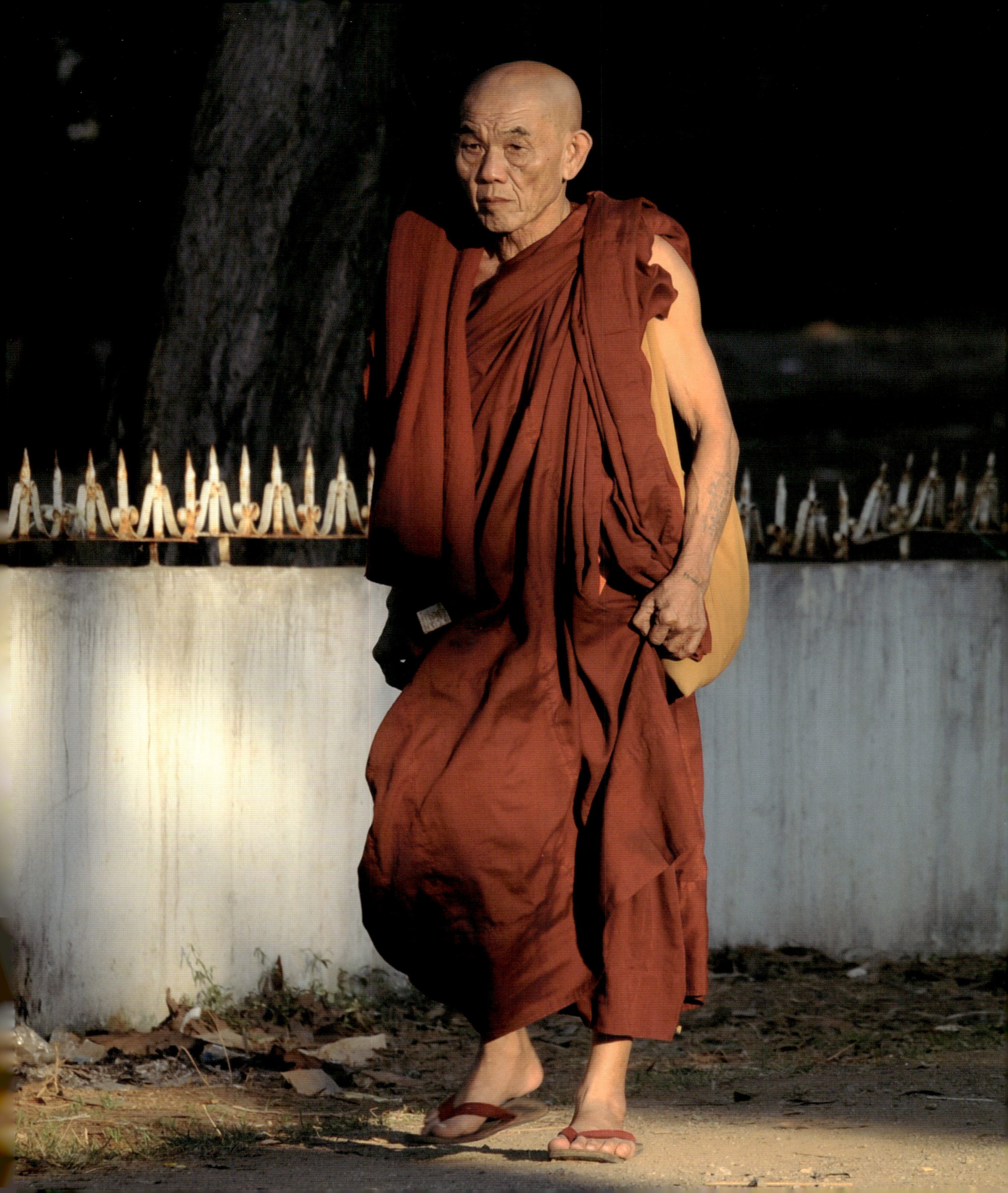

Temples

Zedi, temple, stûpa, pagode, autant de noms pour désigner les monuments qui vénèrent Bouddha. On en compte environ 2 800, rassemblés dans la vallée de Bagan. En brique, peints en blanc ou recouverts de milliers de feuilles d'or, ils sont indissociables des paysages et du quotidien des Birmans.

La pagode Shwedagon (*shwe* : or et *dagon* : ancien nom de Yangon) est le lieu saint bouddhique et le premier centre religieux de Birmanie, car il contiendrait des reliques de quatre anciens bouddhas, dont huit cheveux du Bouddha Gautama.

Le stûpa Shwedagon atteint la hauteur de 98 mètres et sa base est faite de briques recouvertes de milliers de plaques d'or. Au sommet se trouve une sorte d'ombrelle, appelée *hti* en birman, où sont accrochées 1 065 clochettes d'or et 420 clochettes d'argent, ainsi qu'une girouette ornée de pierres précieuses. Elle se termine par le *seinbu*, une petite sphère d'or incrustée de milliers de diamants et d'autres gemmes, dont une émeraude de 76 carats.

< Flèche d'un stûpa orné de petites cloches, Loikaw (État Kayah).

De la méditation naît la sagesse.

Bouddha

Sehtatgyi Bouddha, pagode Shwesandaw (Région de Bago).

Pagode d'Hsinbyume aux sept terrasses, Mingun (Région de Mandalay).

Cloche de 8 mètres de haut, 90 tonnes, la plus grosse cloche sonnante au monde, Mingun (Région de Mandalay).

Plaine embrumée sur 2 834 temples, Bagan (Région de Mandalay).
(Double page suivante) Grotte aux 8 000 bouddhas, Pindaya (État Shan).

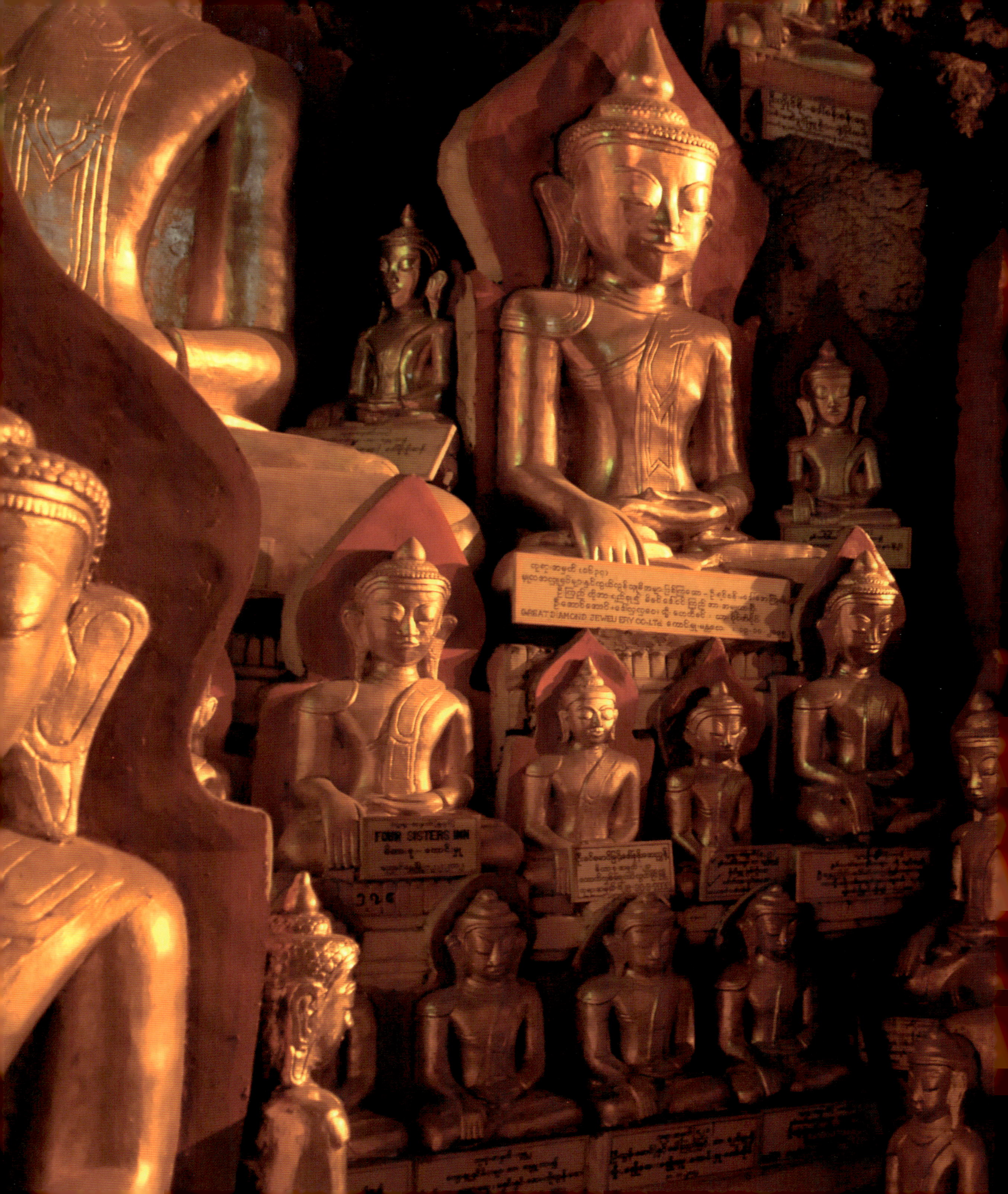
FOUR SISTERS INN

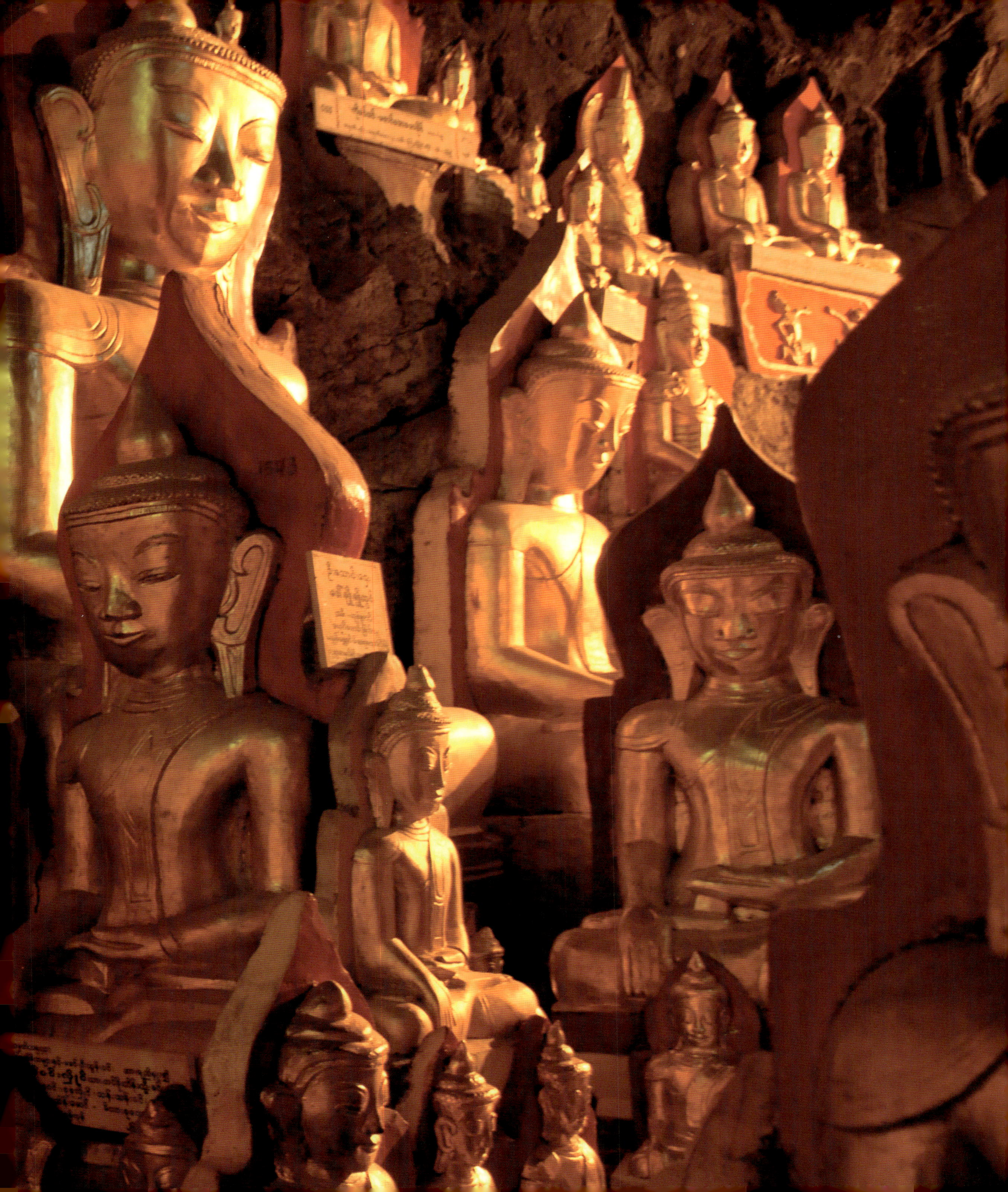

Stûpa un soir de décembre, Bagan (Région de Mandalay). ∧
Aurore magique sur les temples de Bagan (Région de Mandalay). >

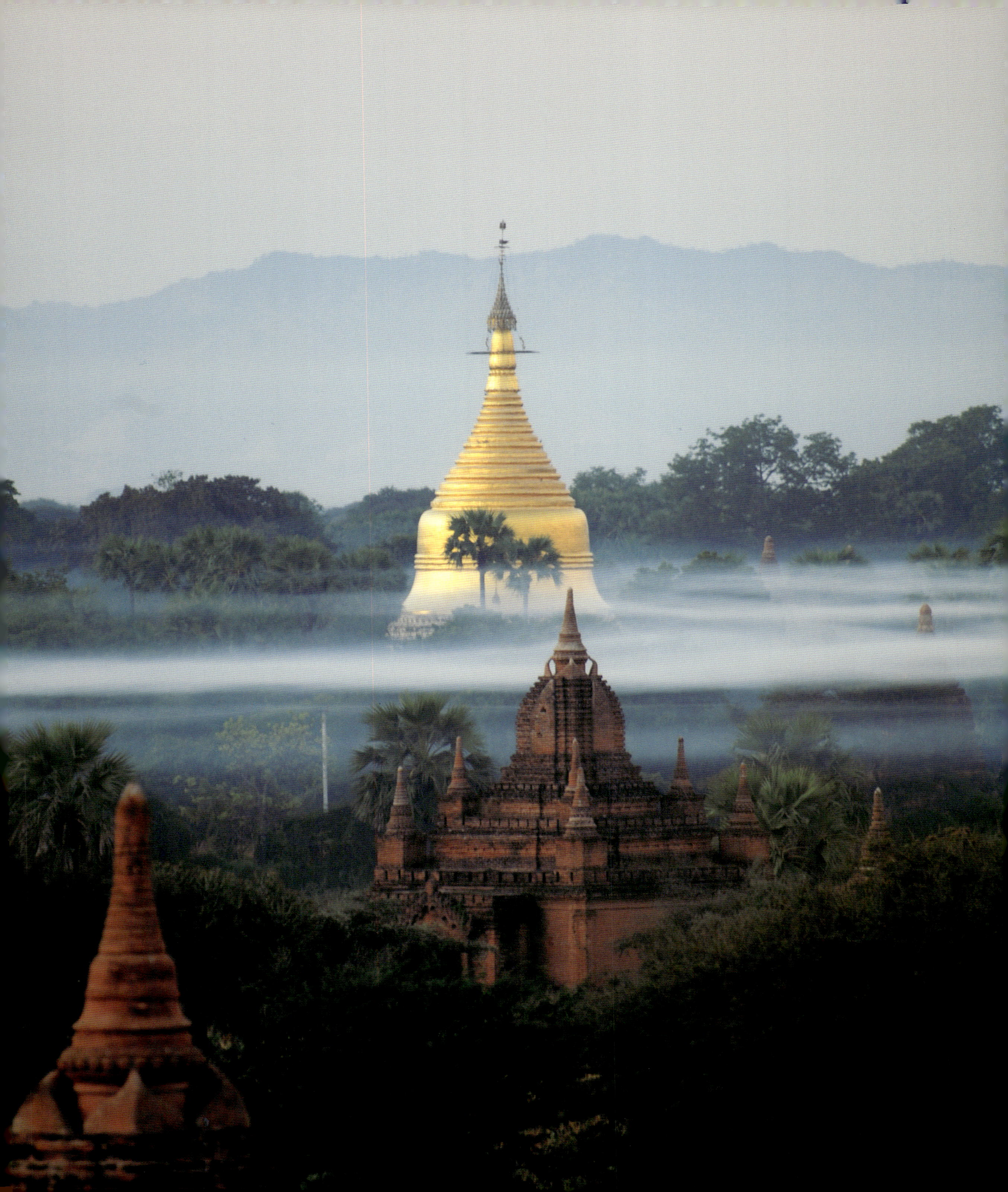

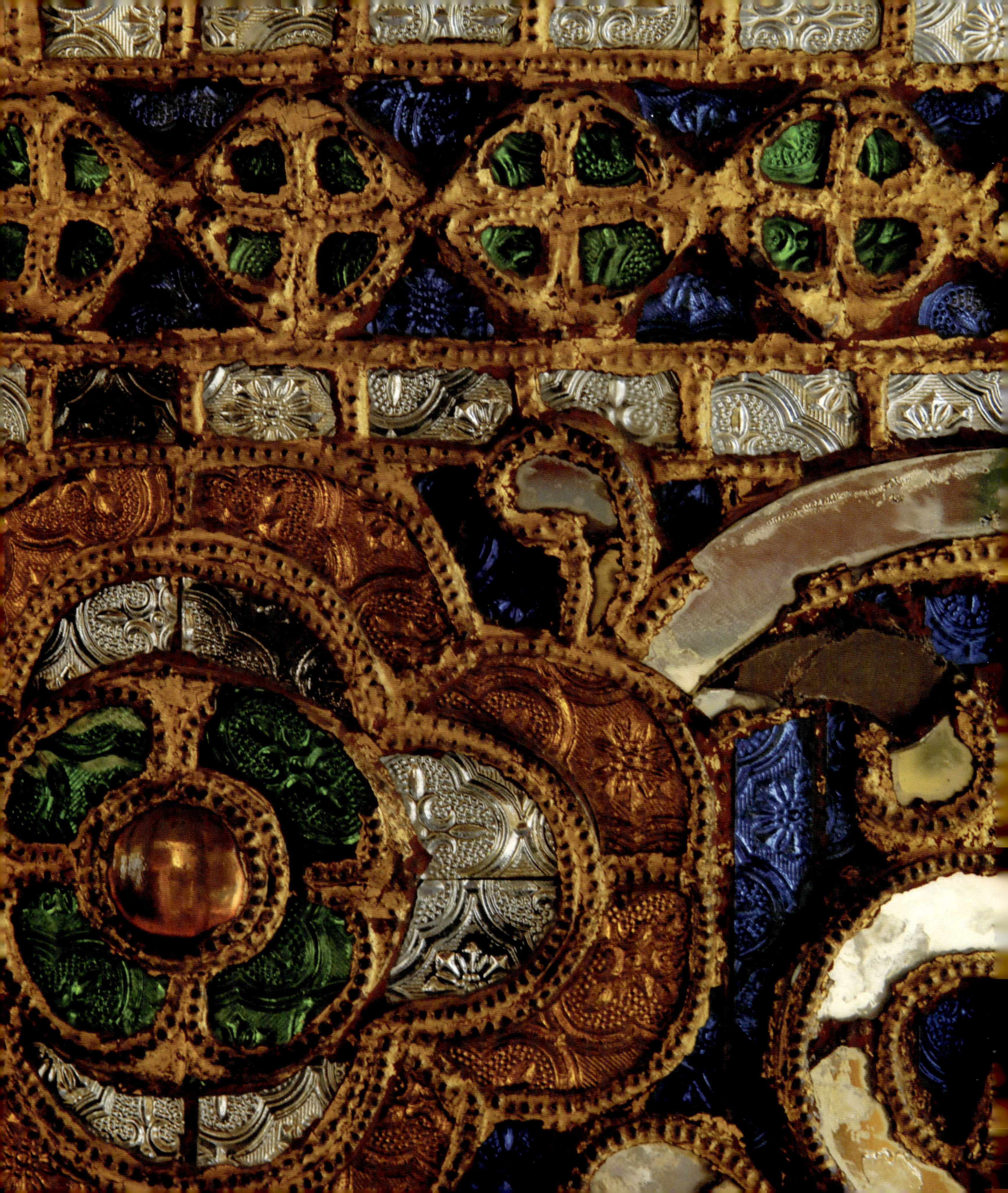

Éclats d'or sur le temple Shwezigon, Bagan (Région de Mandalay). ∧
< Ornements de colonnes, temple autour de la Shwedagon, Yangon.

Paya (temple) Shwedagon, Yangon. ∧
Temple Sulamani sous les projecteurs, Bagan (Région de Mandalay). >

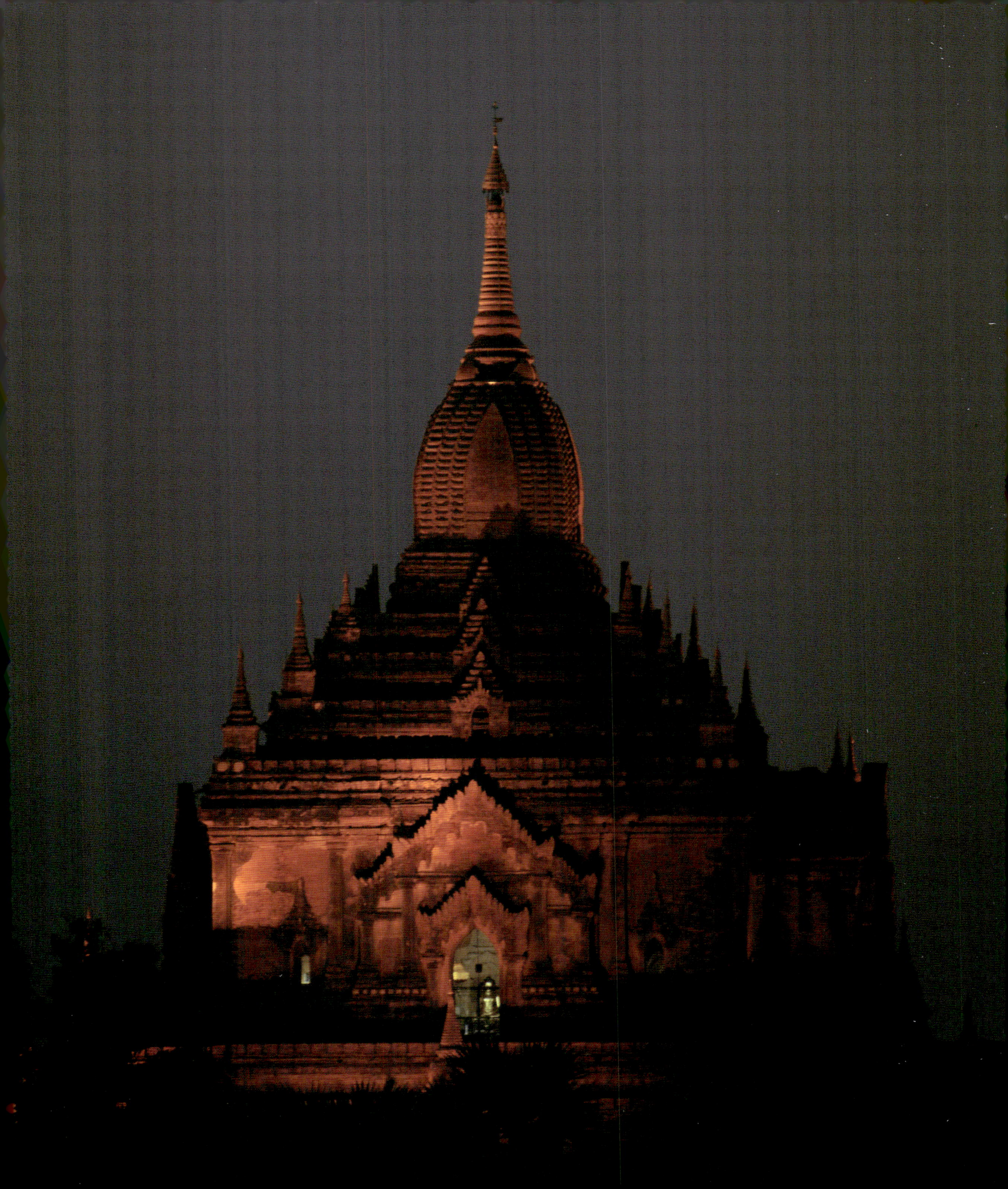

Birmanes

Voici le portrait de Soe Soe, une Birmane âgée de 30 ans. Au premier regard, sa silhouette est fine et recouverte d'un petit chemisier moulant pour le haut et pour le bas d'un "longhi" (sarong) qu'elle rabat à la taille comme une jupe portefeuille. Le tissu lui arrive aux chevilles et est très ajusté. Sa longue, très longue chevelure noire est parée d'un ruban et de jasmin odorant. Boucles d'oreilles et vernis à ongles compléteront la tenue coquette de Soe Soe. Son visage doux et félin est maquillé des touches blanc-jaune du thanaka étalé sur ses joues, son front et son petit nez. Le thanaka est un cosmétique en pâte ou en liquide, ou plus simplement un bout de bois dont l'écorce est frottée sur un mortier et mélangée à de l'eau. Masque de beauté ? Protection solaire ? Crème médicinale ? Le thanaka, c'est tout cela à la fois. Mais le plus impressionnant chez Soe Soe reste son sourire délicat, ouvert, tatoué de sagesse et de beauté birmane.

< Femme de l'ethnie Padaung ou "femme girafe", village près de Loikaw (État Kayah).

> *Pour l'amoureux, une jolie femme est un objet de réjouissance ; pour l'ermite, un sujet de distraction ; pour le loup, un bon repas.*

Paroles bouddhistes

Femme de l'ethnie Akha aux boucles d'oreilles (État Shan).

Femme Akha et sa coiffe traditionnelle (État Shan).

Vendeuse de graines sur le marché de Tangoo (Région de Bago). ∧
Femme Padaung ou « femme girafe », village près de Loikaw (État Kayah). >

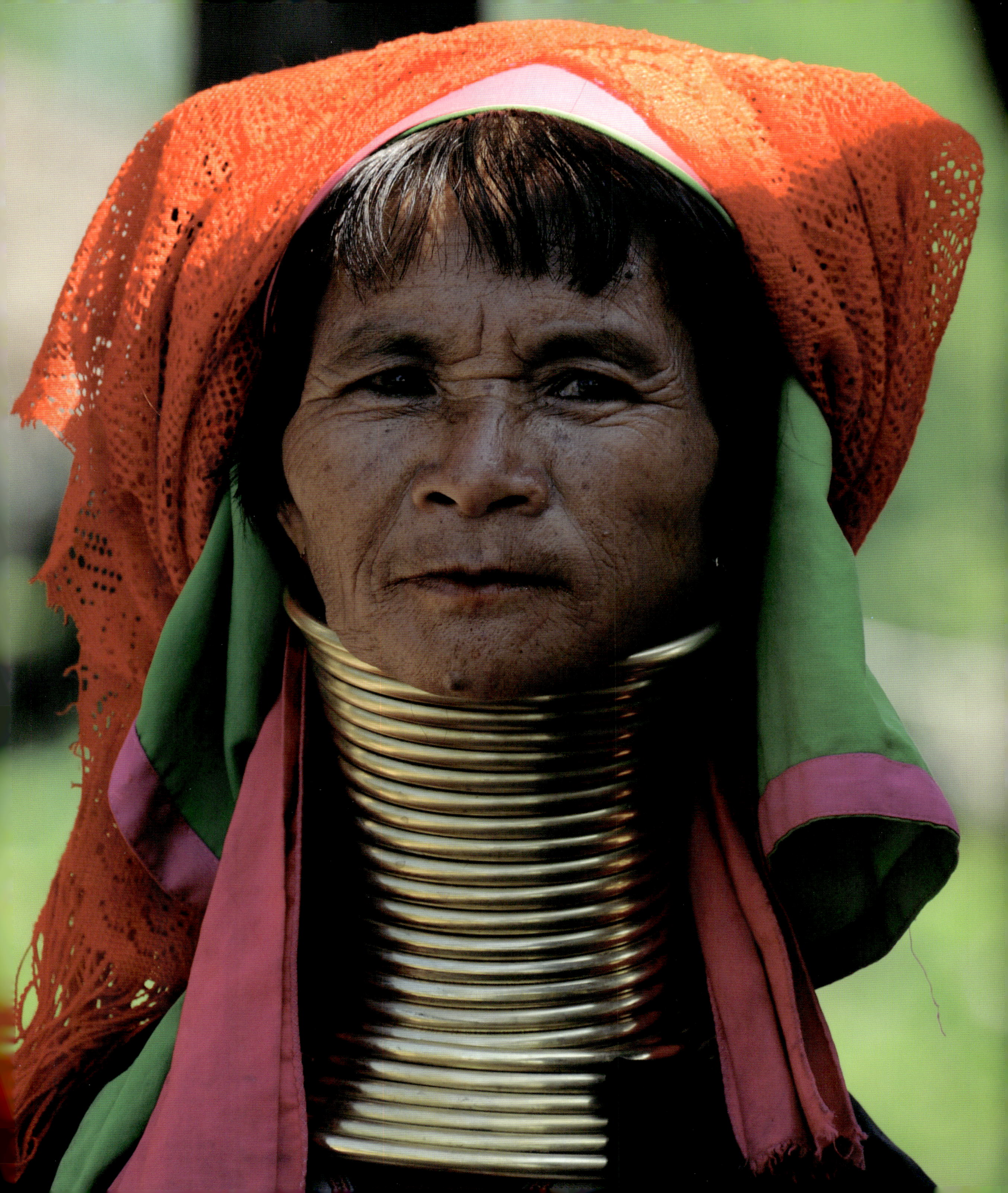

Femme Padaung en tenue traditionnelle, village près de Loikaw (État Kayah).

Femme Akha et sa lourde coiffe en argent (État Shan).

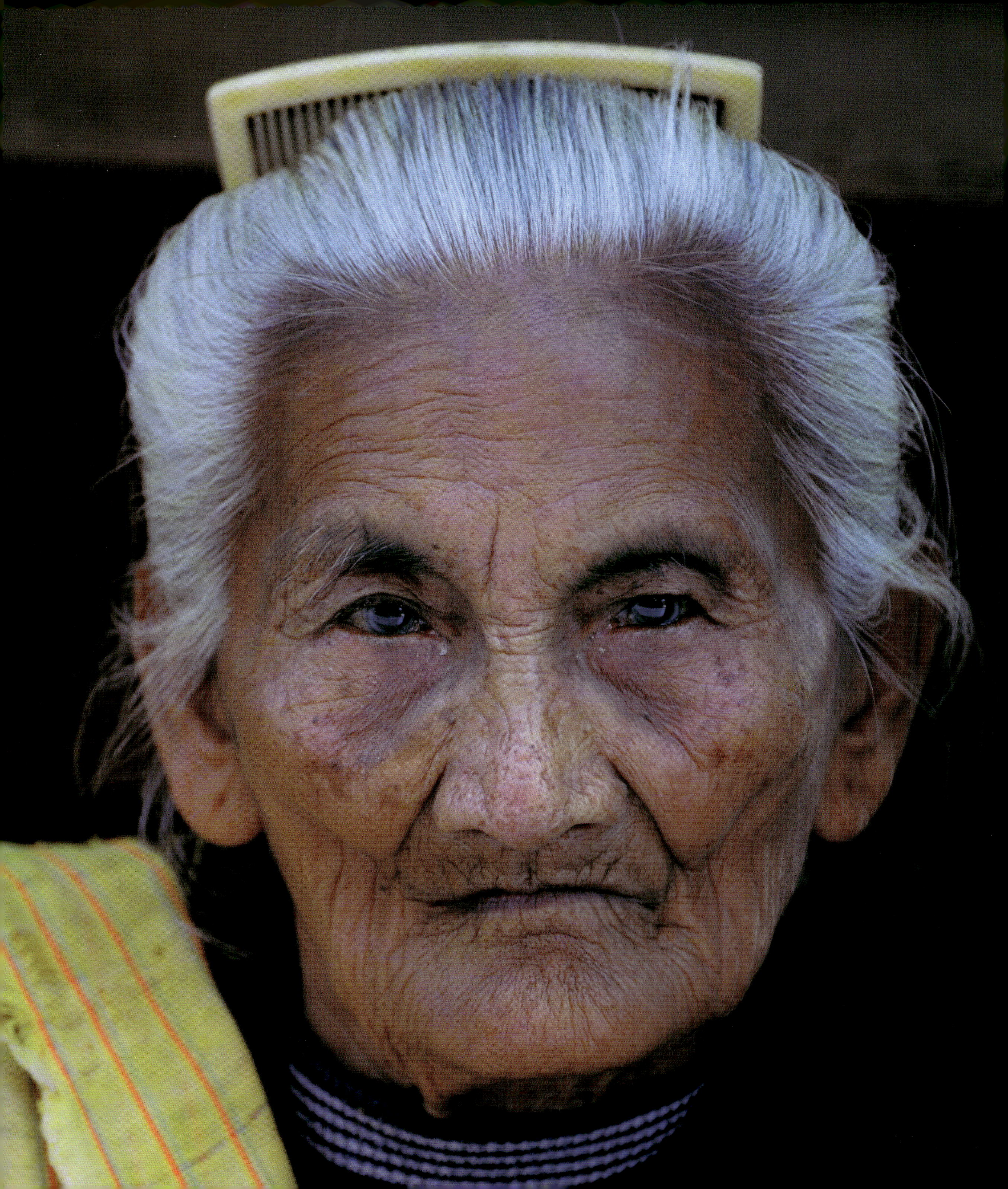

Femme sur le marché de Bago (Région de Bago). ∧
< Femme au regard cristallin, Tatkon (Région de Mandalay).

Paysanne récoltant du piment rouge, route de Loikaw (État Kayah).

Femme Akha et ses deux enfants, village Enn, près de Kyaing Tong, Triangle d'or (État Shan).

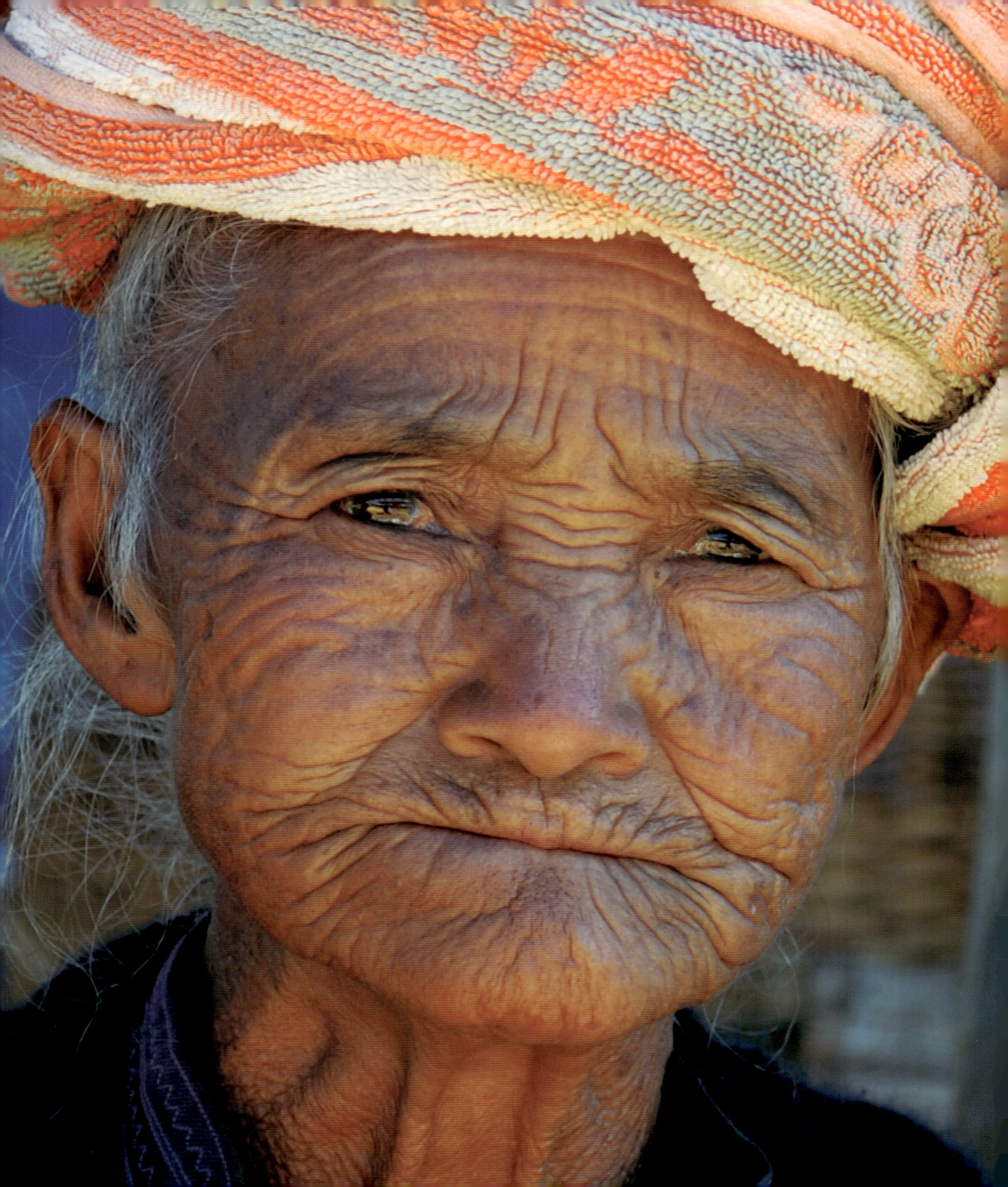

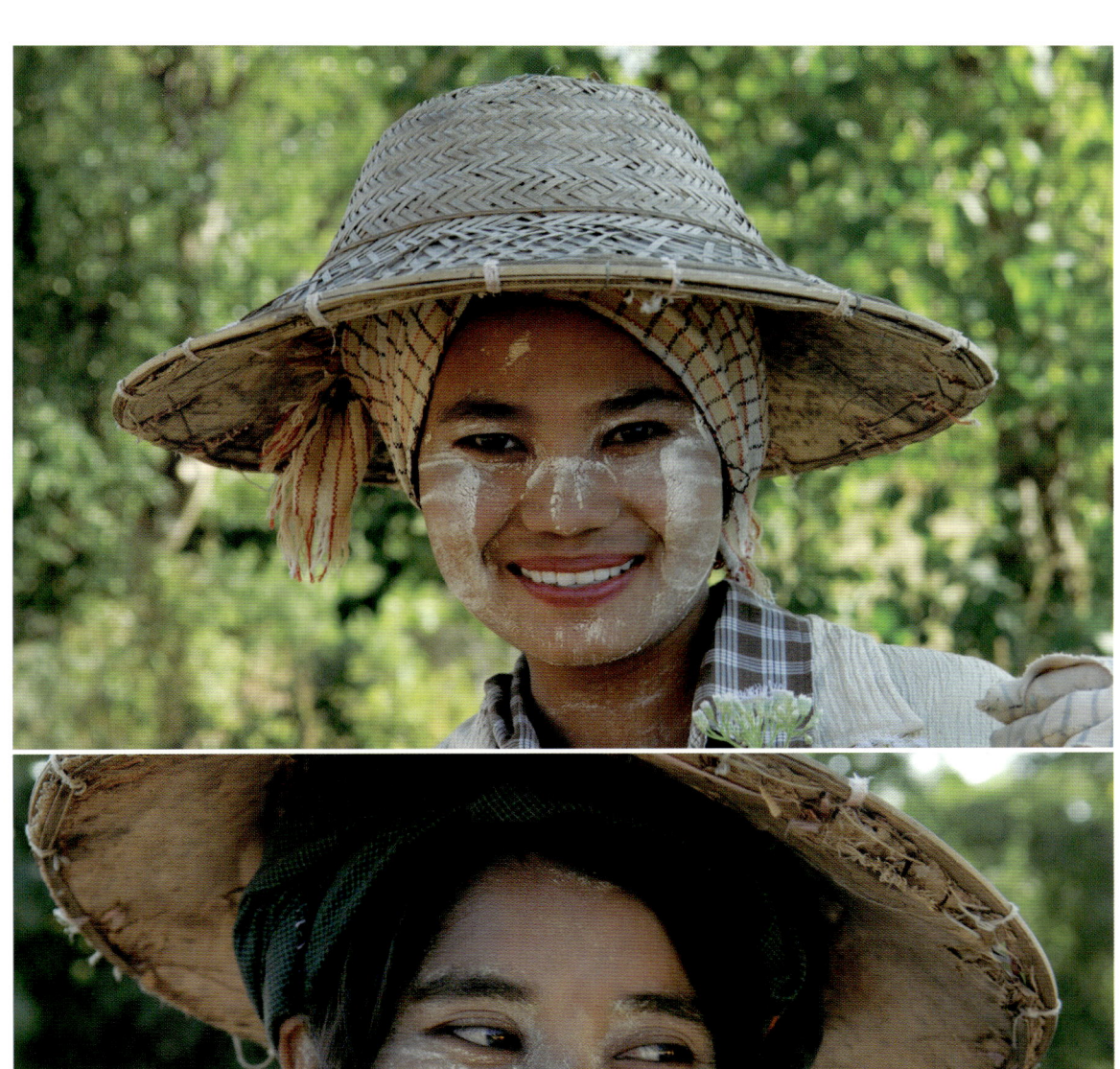

Jeunes femmes travaillant à la reconstruction d'une route près de Heho, pour 3 dollars par jour (État Shan). ∧
< Vieille dame de l'ethnie Pao, lac Inle (État Shan).

Nanda (Bago), Thuya (Linthar), Zaw (Mingun), Kyi (Hsipaw), jeunes mamans. ∧
Femme fumant son "cheroot", Pyin U Lwin (État Shan). >

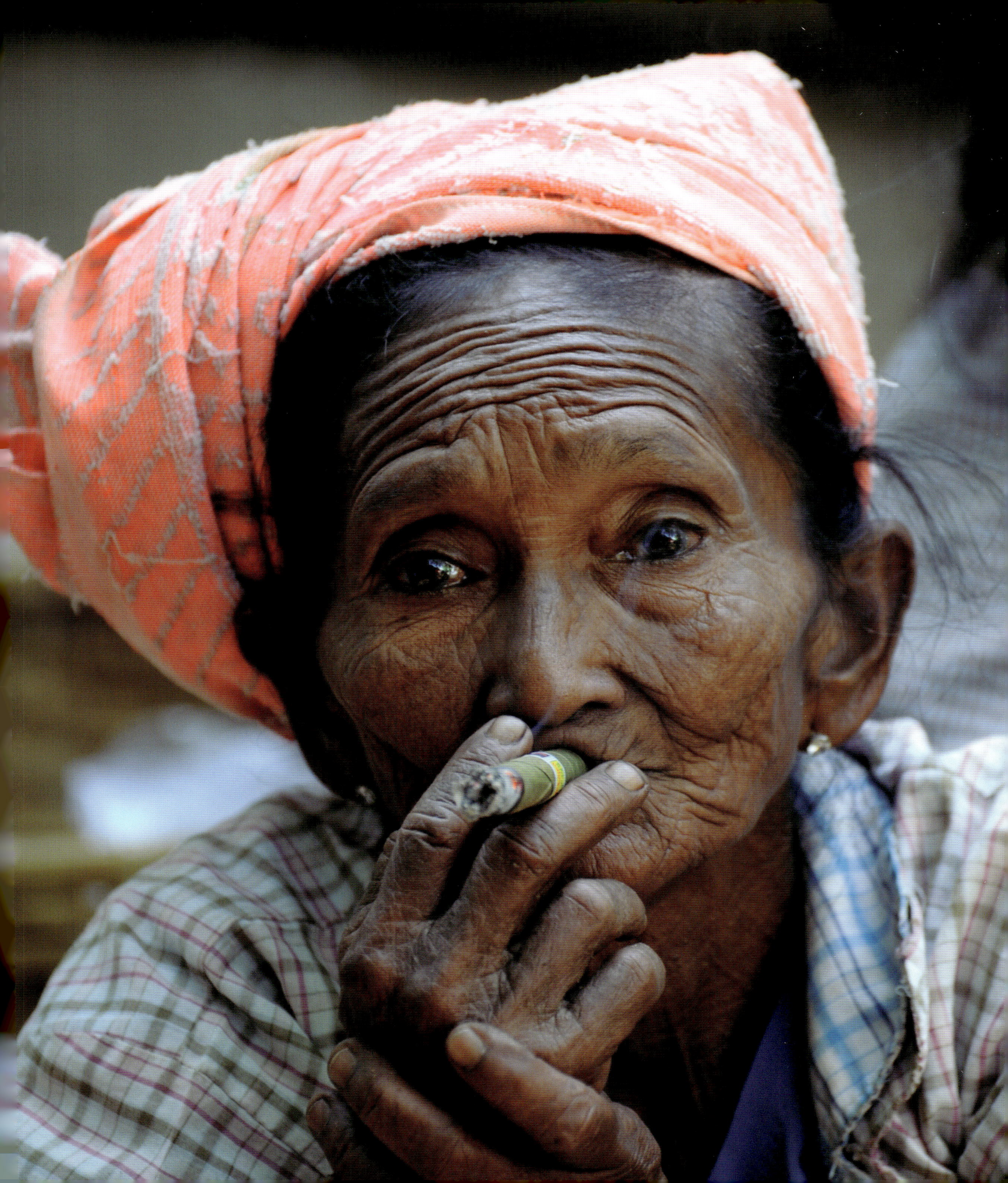

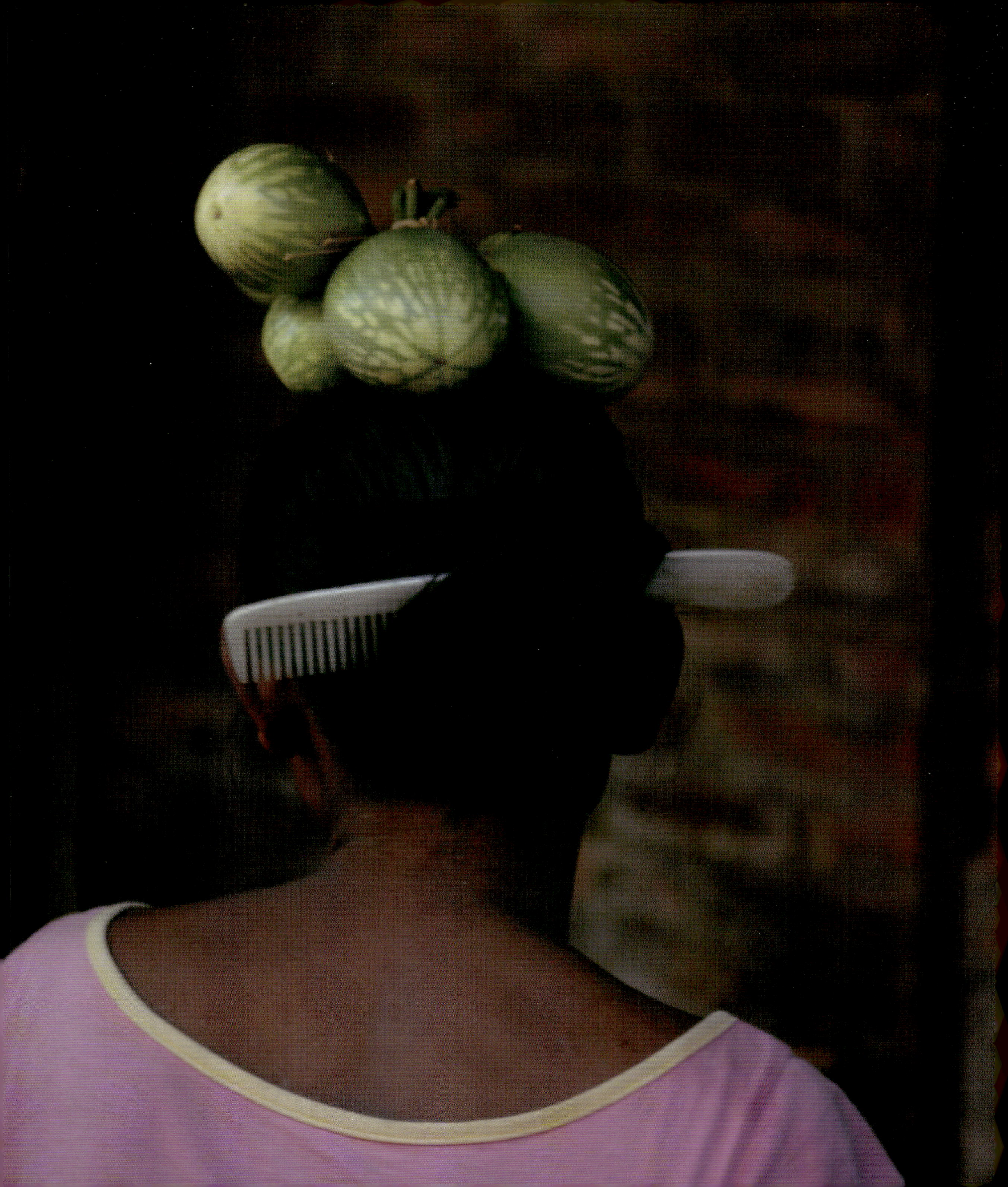

Peau d'orange en guise de masque contre la pollution des camions, marché de Taungoo (Région de Bago). ∧
< Femme aux quatre aubergines, marché de Lonthar, golfe du Bengale (État d'Arakan).

Jeune femme lors d'une cérémonie bouddhiste, Mawlamyine (État Môn). ∧
Karaoké à Yangon. >

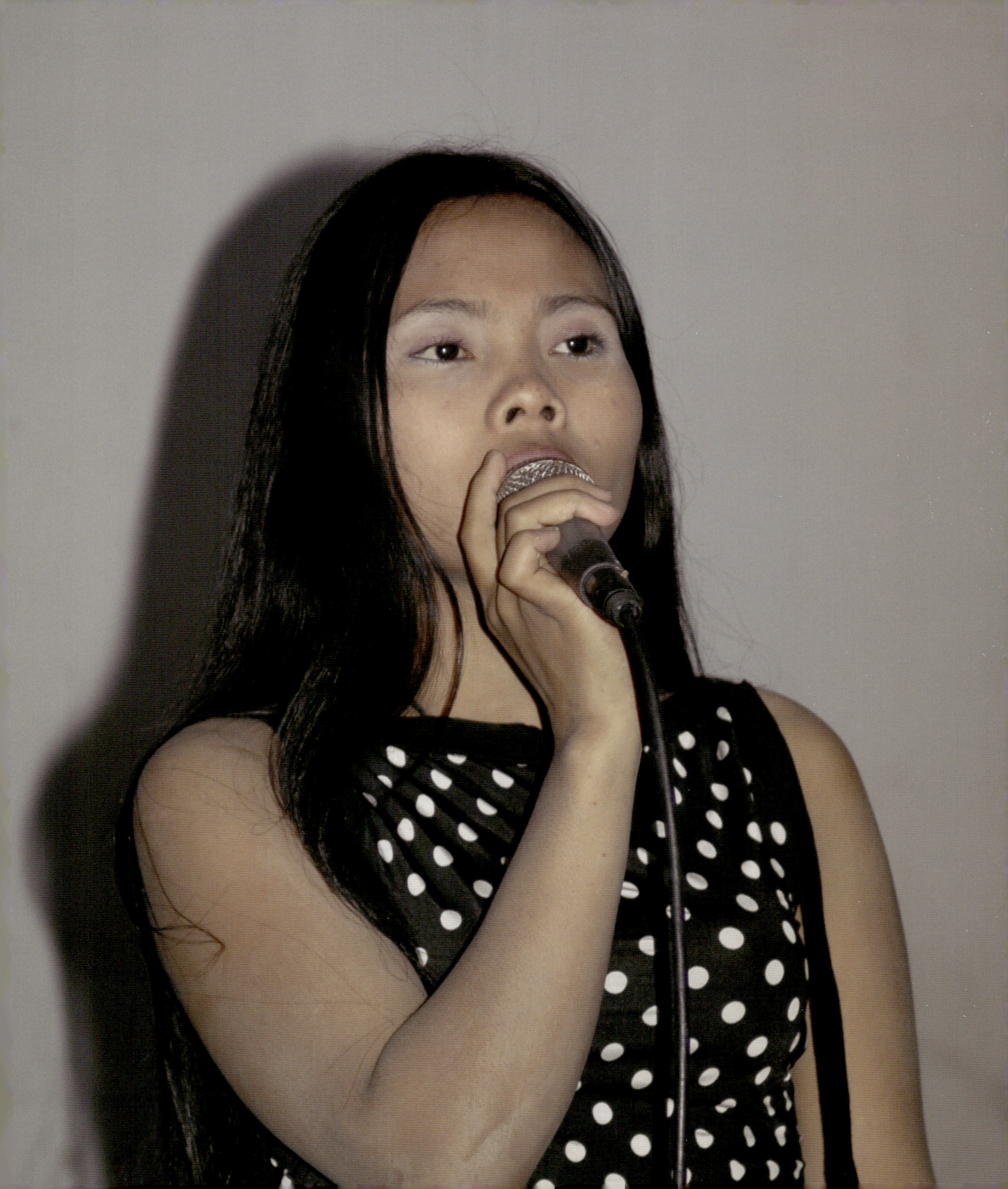

Birmans

Les hommes et femmes birmans sont des personnes souriantes, gentilles, étonnamment honnêtes. Très vite s'instaure une confiance dès les premiers contacts, dès les premiers regards échangés, révélant une curiosité réciproque. Toujours attentionnés, courtois, ils cherchent en permanence à vous faire plaisir ou vous rendre service. Le bouddhisme est bien là…

Portant le « longhi » à carreaux attaché sur le devant par un gros nœud, une grande majorité d'hommes mâchent des feuilles de béthel qui enveloppent un mélange de noix d'arec, de chaux et de tabac, agrémenté de cardamone, de clou de girofle ou d'anis. Leur sourire, devenu ainsi rouge foncé et aux dents déchaussées et pleines de cette pâte, se terminera en un crachat de longs jets pourpres. Ce coupe-faim leur donne du tonus et de la vitalité, comme les feuilles de coca en Bolivie.

< Paysan de Myitkyina
(État Kachin).

(*Doutez de tout
et surtout de ce que je vais vous dire.*)

Bouddha

Porteur fumant son cheroot, Nyaungshwe, lac Inle (État Shan).

Ancien du village de Mingalar Thazi, Old Bagan (Région de Mandalay).

Vieux sage en pèlerinage à la Shwedagon, Yangon.

Theingi, ancien moine à Yangon.

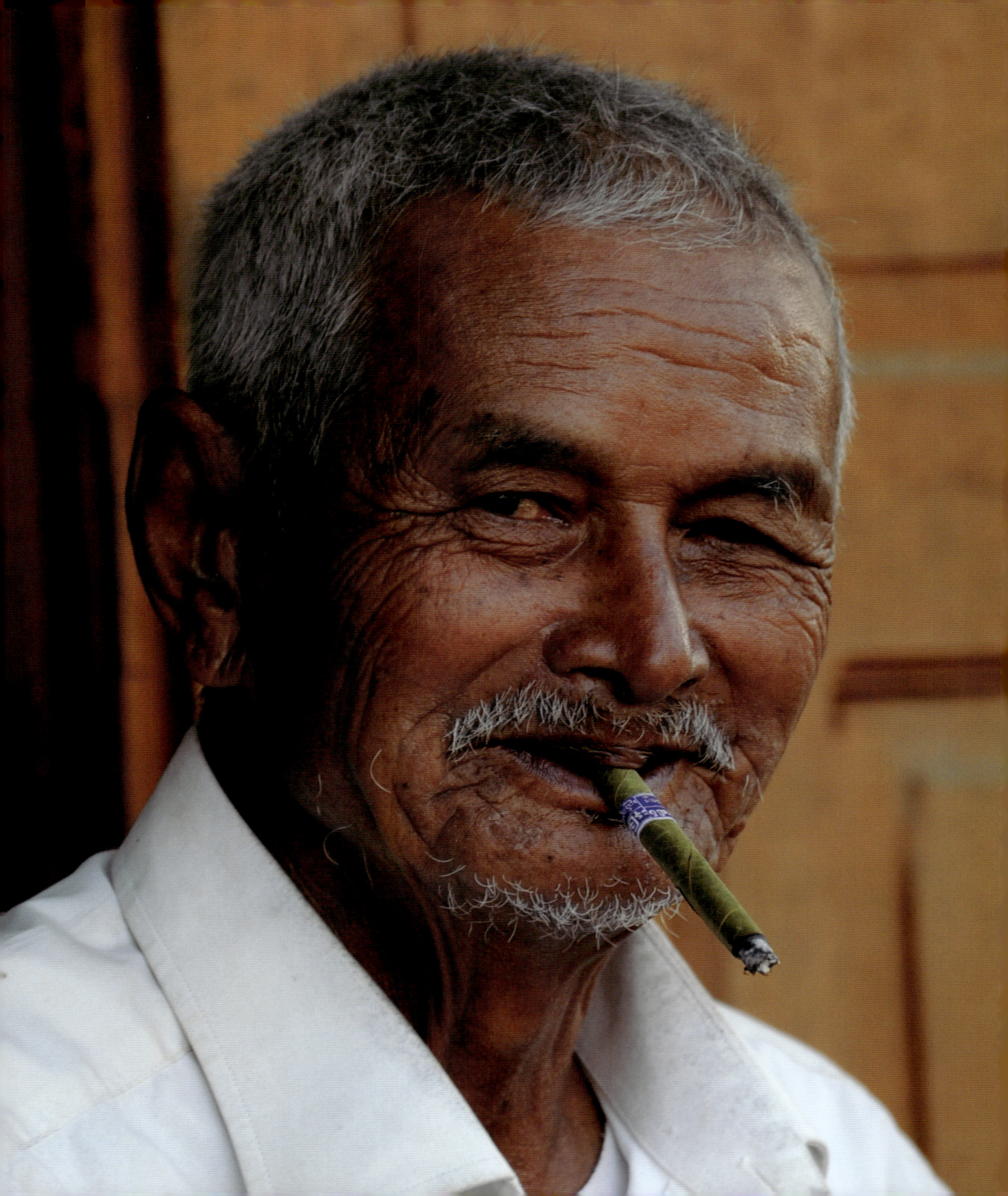

Thaung, pêcheur à Sittwe, région des Rohingyas (État d'Arakan). ∧
< Ancien fumant son fameux cigare végétal birman (cheroot), Loikaw (État Kayah).

Min Min jeune paysan sur le marché de Loikaw (État Kayah). ∧
Pêcheur au longhi retroussé pour plus d'aisance, port de Sittwe (État d'Arakan). >

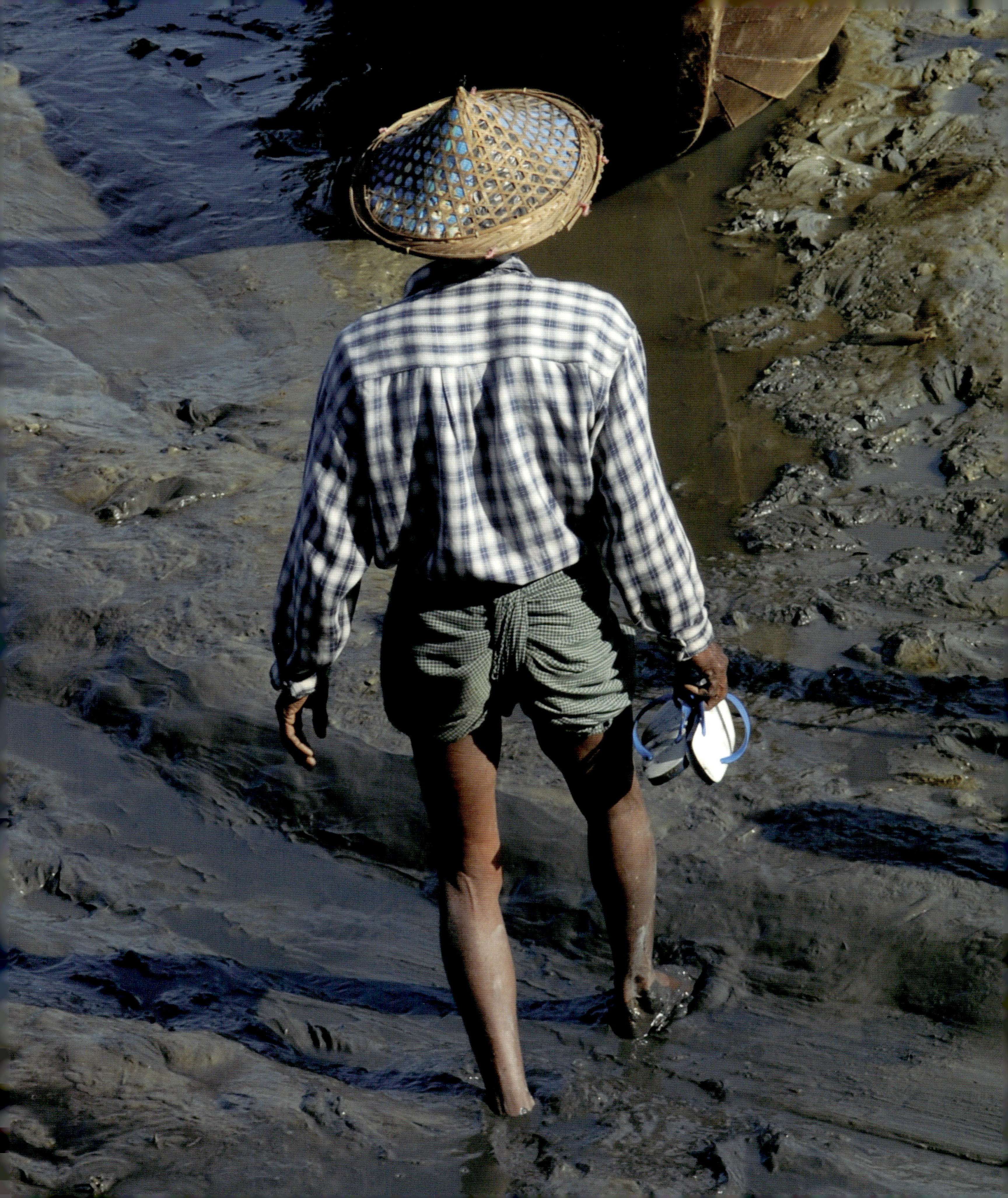

Jeune étudiant, village de Lonthar, plage de Ngapali, golfe du Bengale (État d'Arakan).

Jeune homme tatoué, assis sur les marbres de la Shwedagon à Yangon.

Pêcheur soulevant le moteur de son bateau, Ngapali (État d'Arakan).

Porteur de sable, port de Mandalay (Région de Mandalay).

Thida, dresseur d'éléphants près de Toungoo (Région de Bago).

Jeune homme de Mawlamyine (État Môn).

Chó Chó, porteur de colis sur le marché de Thandwe (État d'Arakan).

Jeune Birman, garçon/fille, marché de Hsipaw (État Shan).

Enfants

Aidons les enfants du Myanmar !

En Birmanie, le travail des enfants reste un fléau national. Ils sont vendeurs pour des magasins ou sur les marchés, serveurs dans des restaurants, cafés ou karaokés, porteurs, aides-cuisiniers… et souvent jusque tard dans la nuit. Dans un rapport cité par l'Unicef en 2012, le pays se situe au même niveau que la Corée du Nord, le Soudan et la Somalie. Pourtant, les lois existent : il est interdit d'employer des mineurs de moins de 15 ans, mais ces règles sont très peu respectées. Sans compter le recrutement de dizaines de milliers d'enfants au sein de l'armée. La grande pauvreté qui touche particulièrement les zones rurales est un frein à la jouissance des droits les plus fondamentaux des enfants. En Birmanie, 65 % des naissances ne sont pas officiellement déclarées et ils sont donc considérés comme invisibles aux yeux de la société…

< Nanda, vendeuse de bonbons sur le port de Sittwe (État d'Arakan).

Nos enfants sont nos trésors.

Proverbe birman

Yamin, jouant dans un temple à Bagan (Région de Mandalay).

Kyi, dans le train pour Hsipaw, captivé par l'objectif du photographe (État Shan).

Enfants d'un village dans la jungle près de Toungoo (Région de Bago). ∧
Fillette bangladaise dans le port de Sittwe (État d'Arakan). >

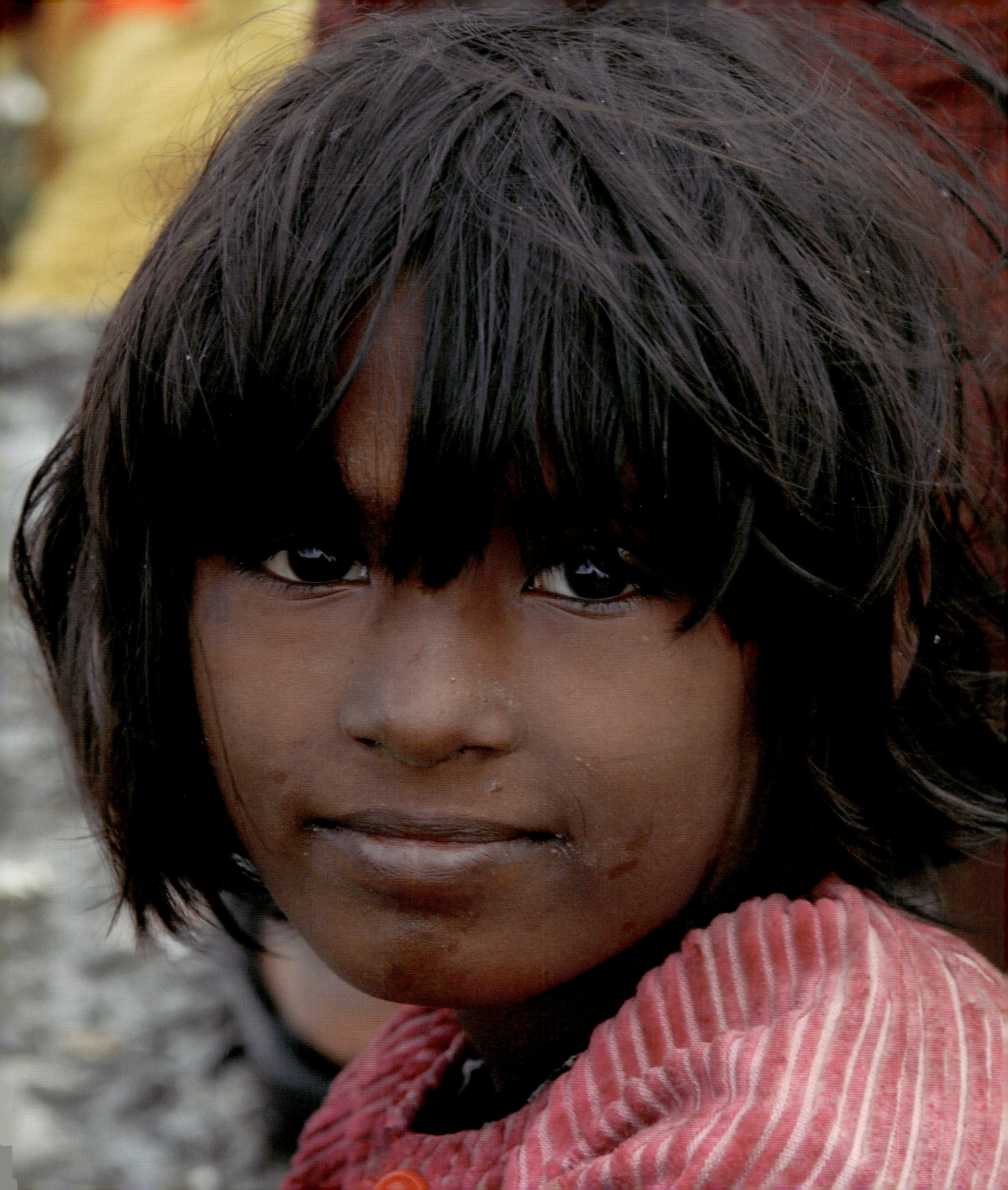

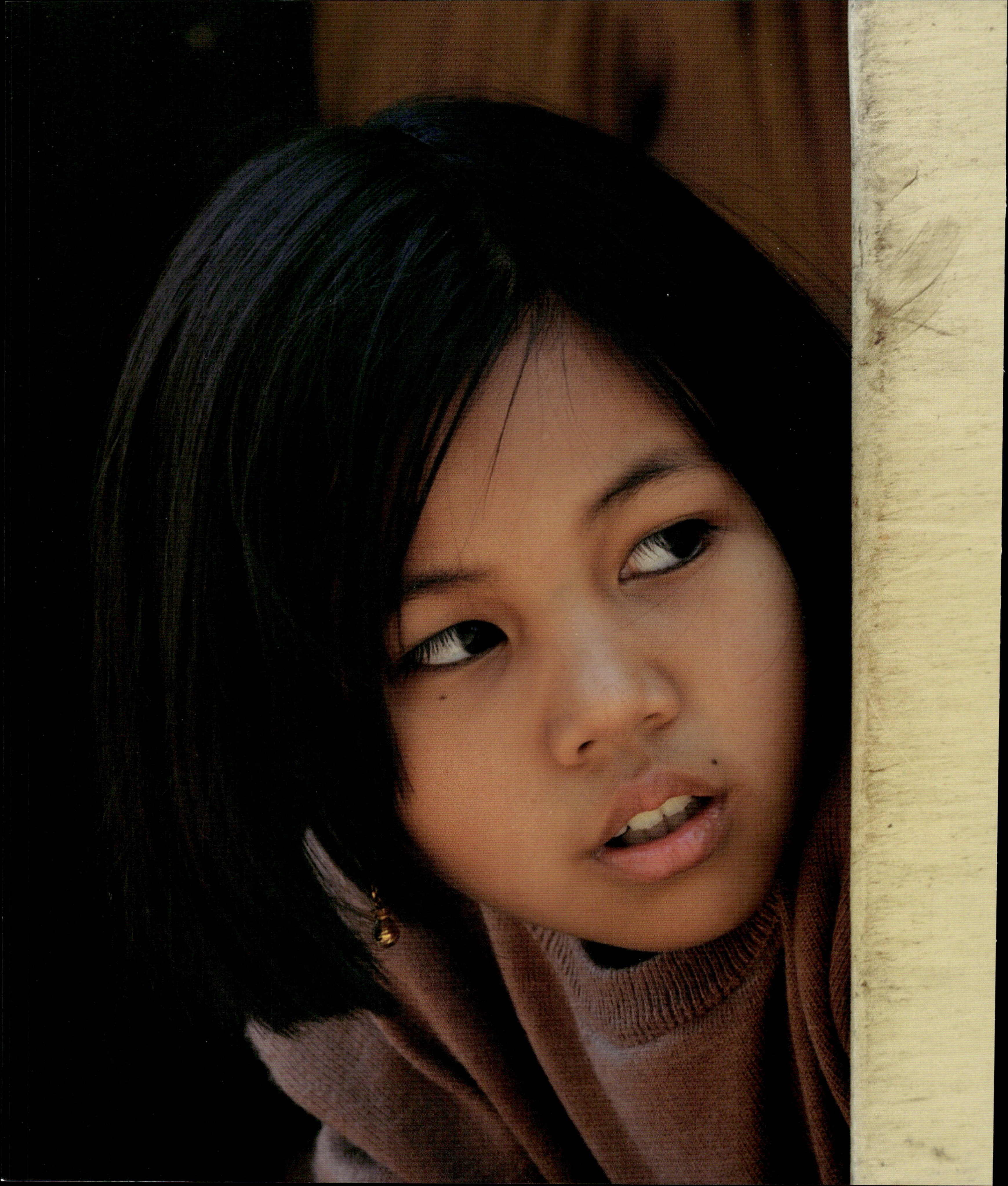

Myine écolière, école primaire de Mingalar Thazi, Old Bagan (Région de Mandalay). ∧
< Thiri, 12 ans, dans le train en partance pour Hsipaw (État Shan).

Thi Oo écolière, école primaire Kyansitthar, New Bagan (Région de Mandalay).

Nyein, vendeuse de bonbons dans le port de Sittwe (État d'Arakan).

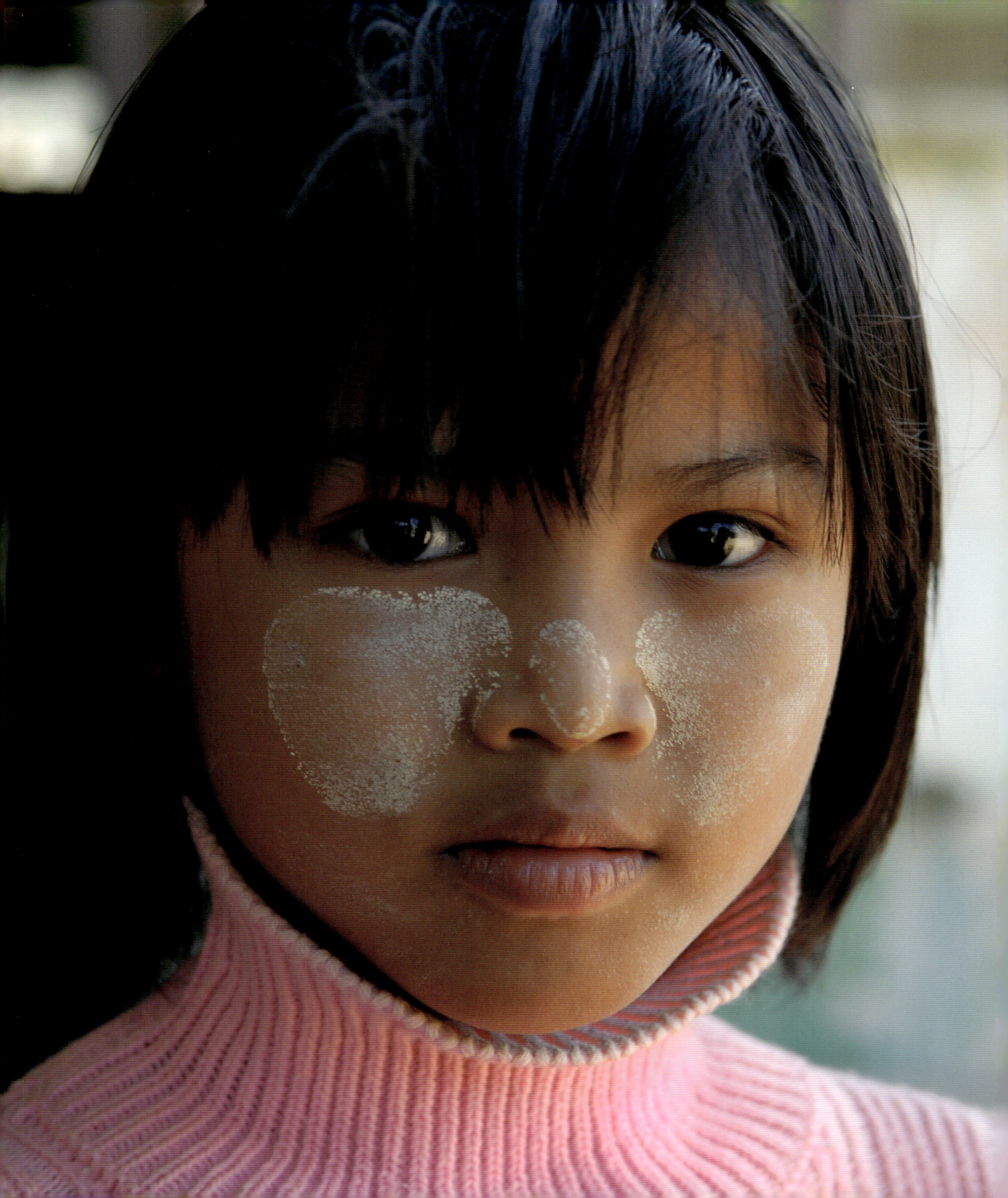

Ttlwin, sur le marché de Bago. ∧
< Lily, beauté birmane, école Kyansitthar, Bagan (Région de Mandalay).

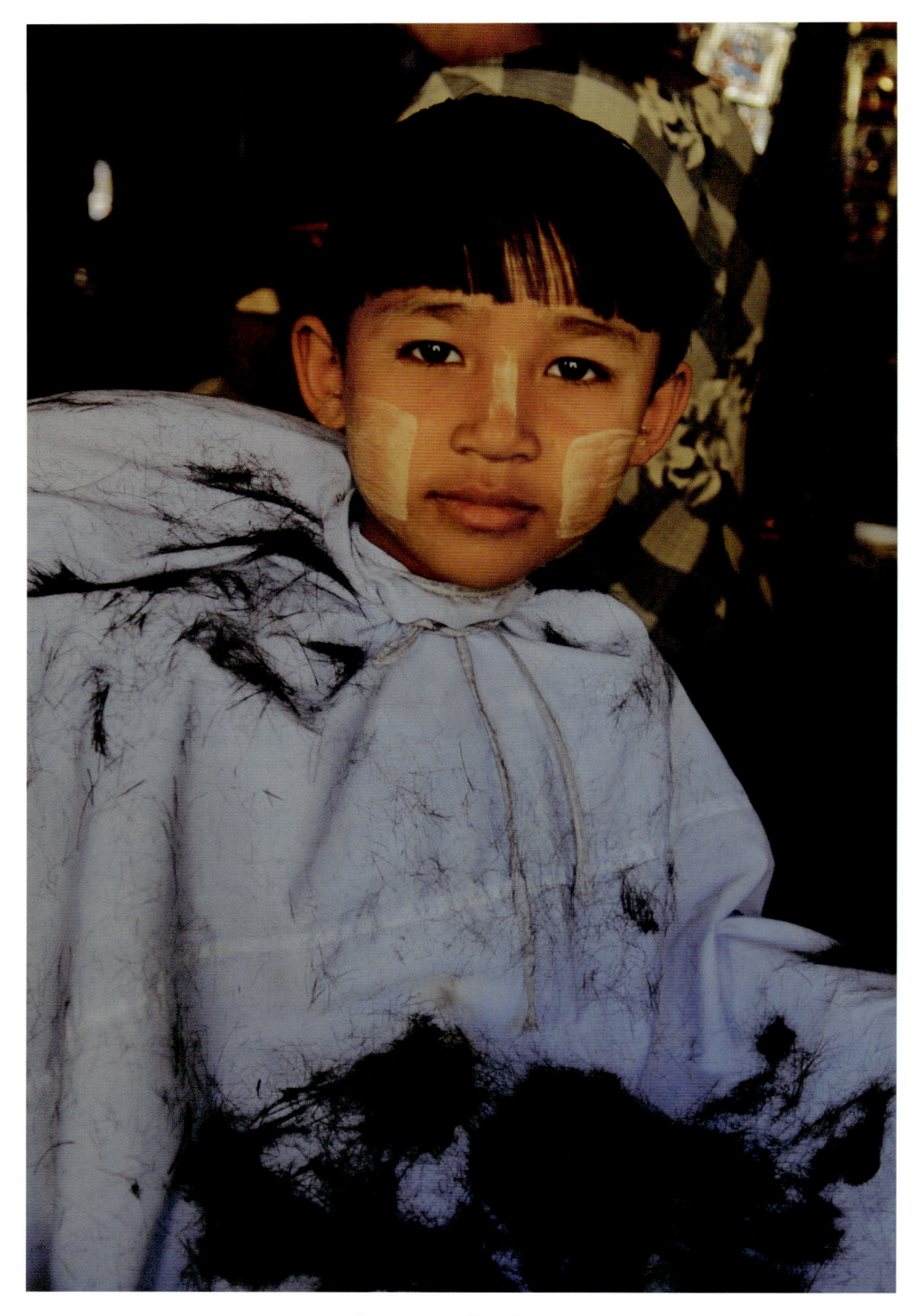

Kim, chez le coiffeur, Yangon.

Petite écolière, école primaire Kyansitthar, New Bagan (Région de Mandalay).

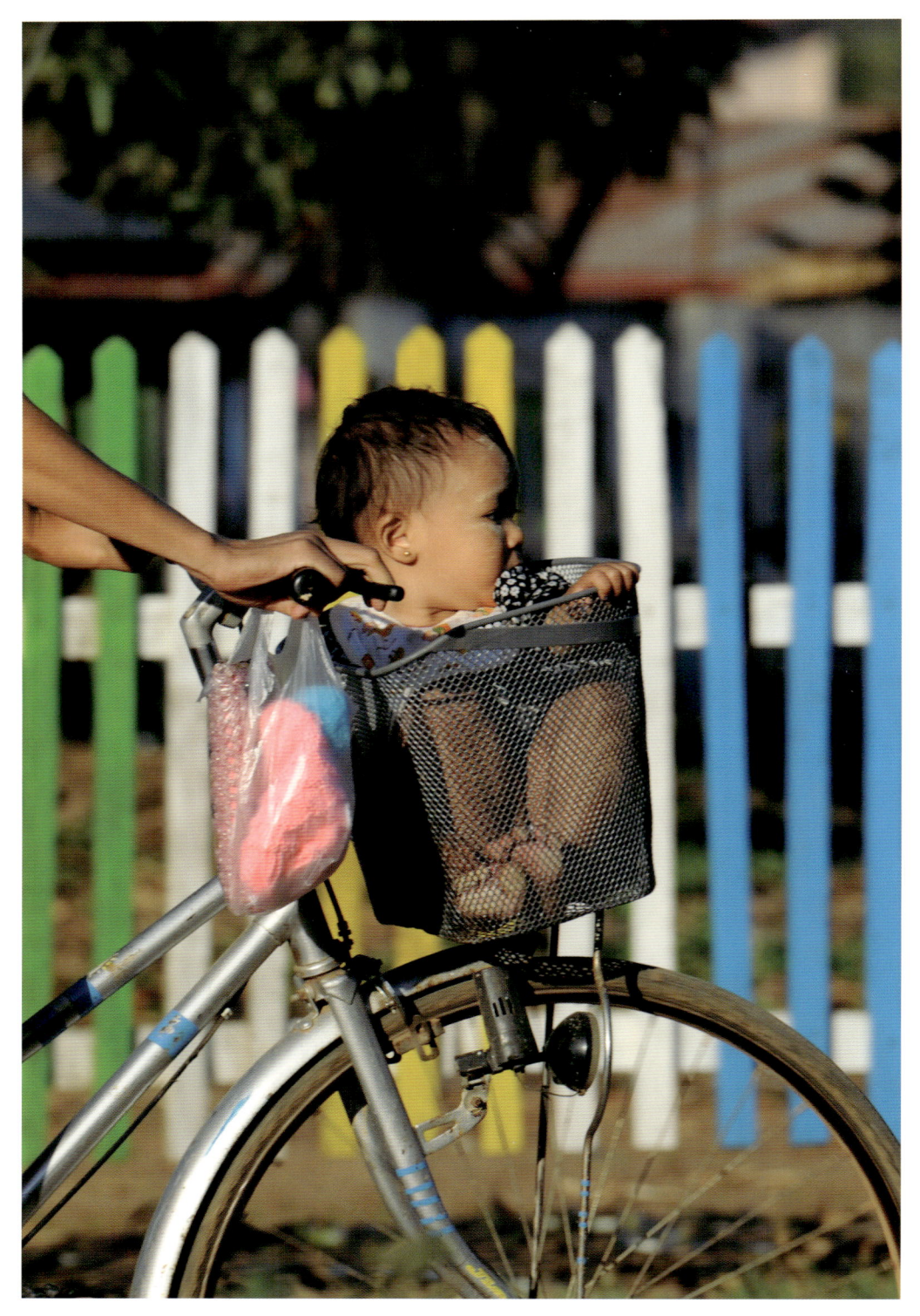

Bébé taxi, Loikaw (État Kayah).

Phyu et son petit frère Kouanda, Pakokku (Région de Mandalay).

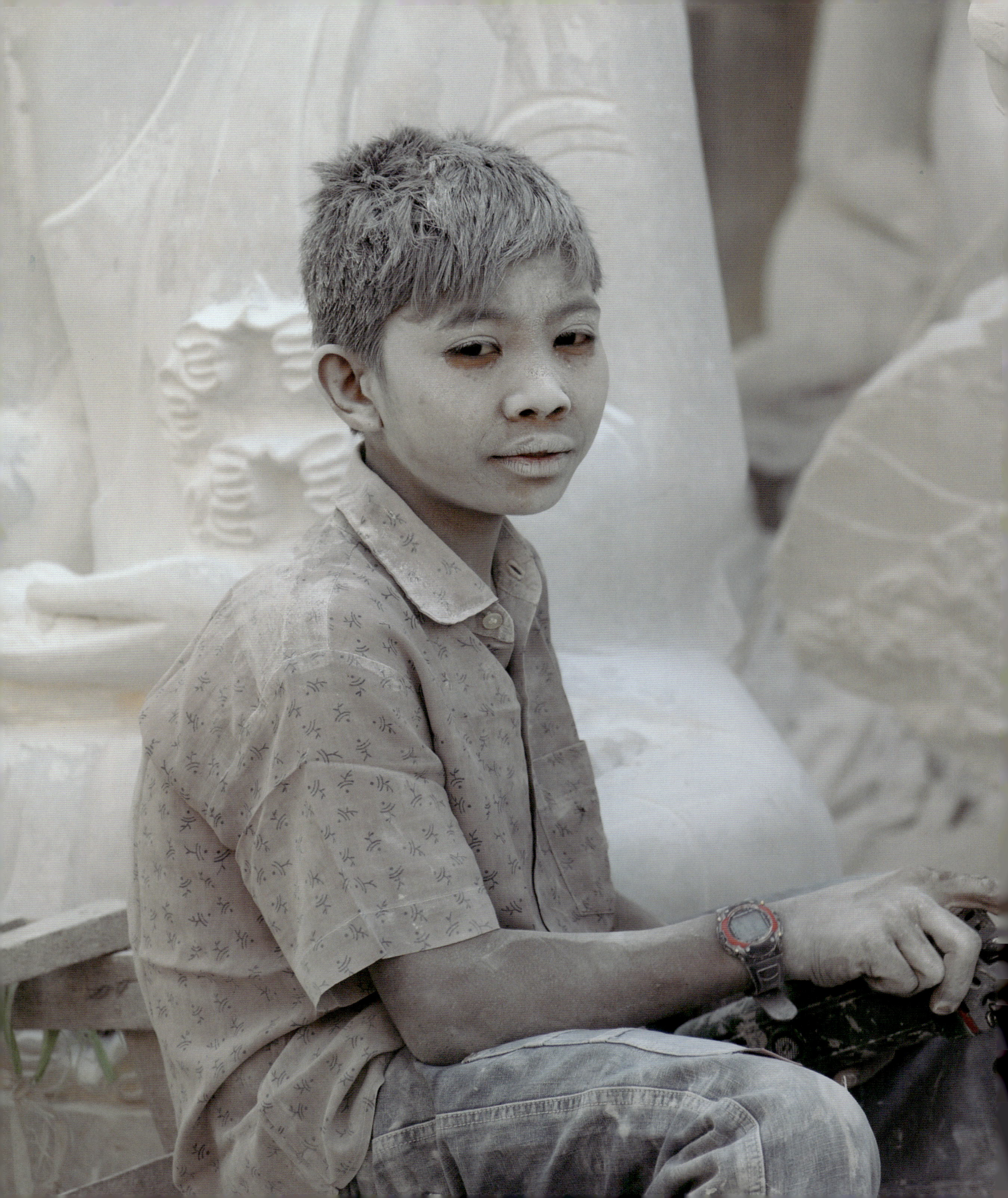

Fillette qui mange une pastèque, plage de Ngapali (État d'Arakan).
< Zeya, jeune sculpteur de bouddhas, sans protection, ruelle de Mandalay (Région de Mandalay).

Jeune pêcheur avec sa rame autour du pied, lac Inle (État Shan).

Porteur de fourrage pour les bœufs, route de Thaton (État Môn).

Phu, 7 ans, sur la plage de Lingtha, golfe du Bengale (État d'Arakan). ∧
Thi, vendeuse d'œufs de caille aux arrêts de bus, sur la route de Toungoo (Région de Bago). >

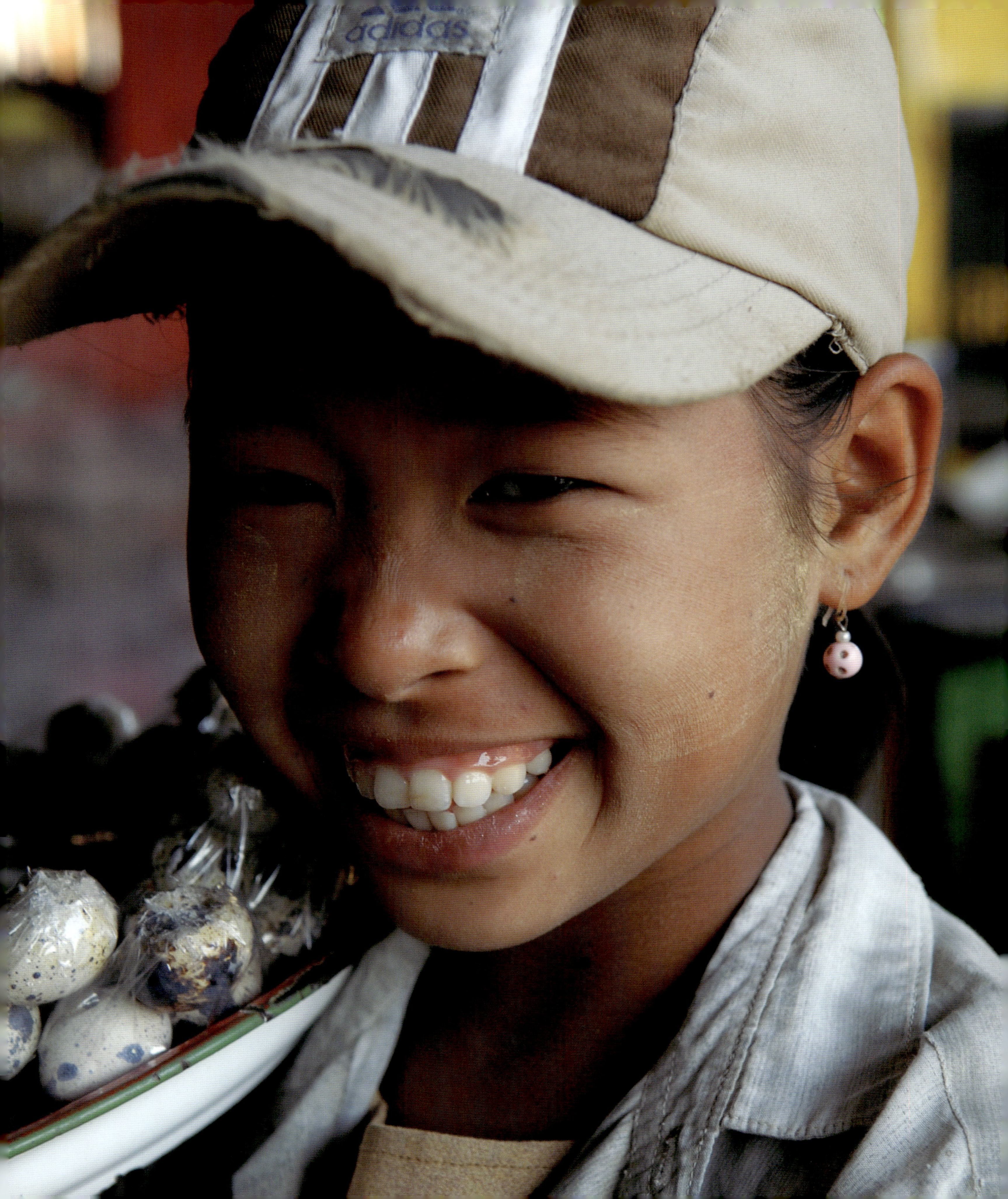
adidas

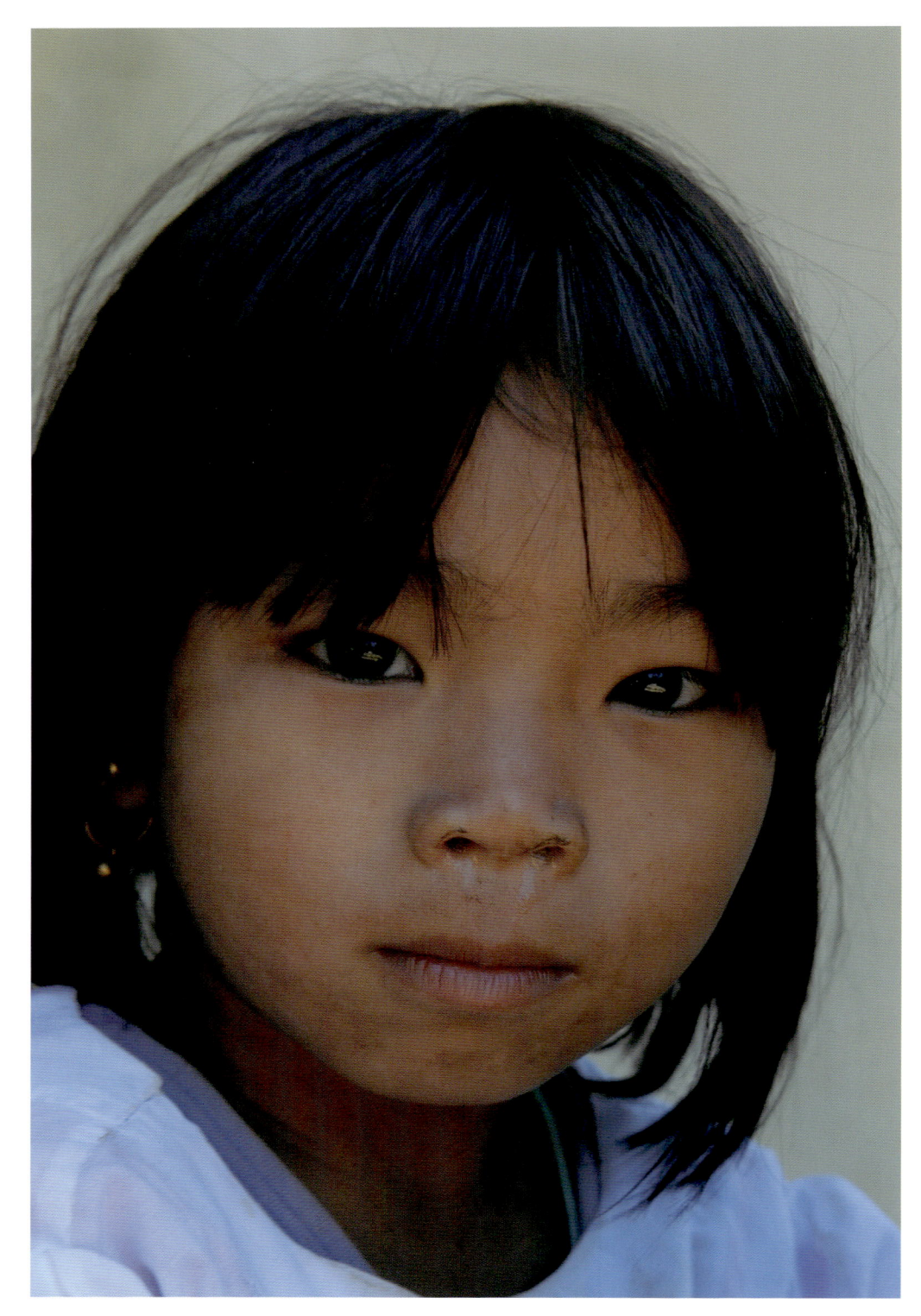

Yee, élève à l'école primaire de Mingalar Thazi, Nyaung U (État d'Arakan).

Kyine et son sac à dos donné en cadeau, village de Longtha, golfe du Bengale (État d'Arakan).

1 - Mu (Mandalay)
2 - Thiri (Kentung)
3 - Laura (Bagan)
4 - Phyu (Ngapali)
5 - Mahnin (Bago)

Génération birmane. ∧
Nang Nyi, sur le marché de Thandwe (État d'Arakan). >

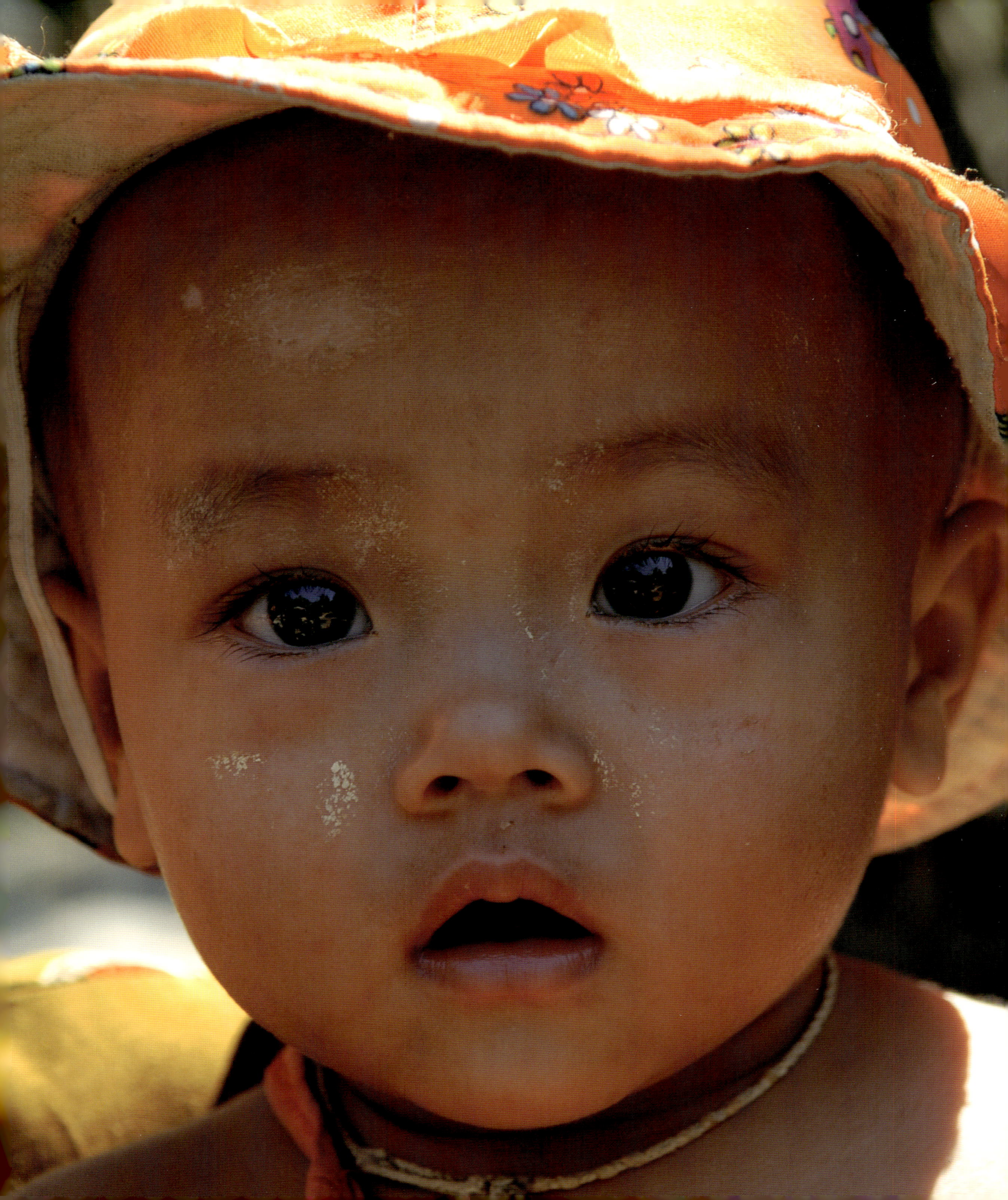

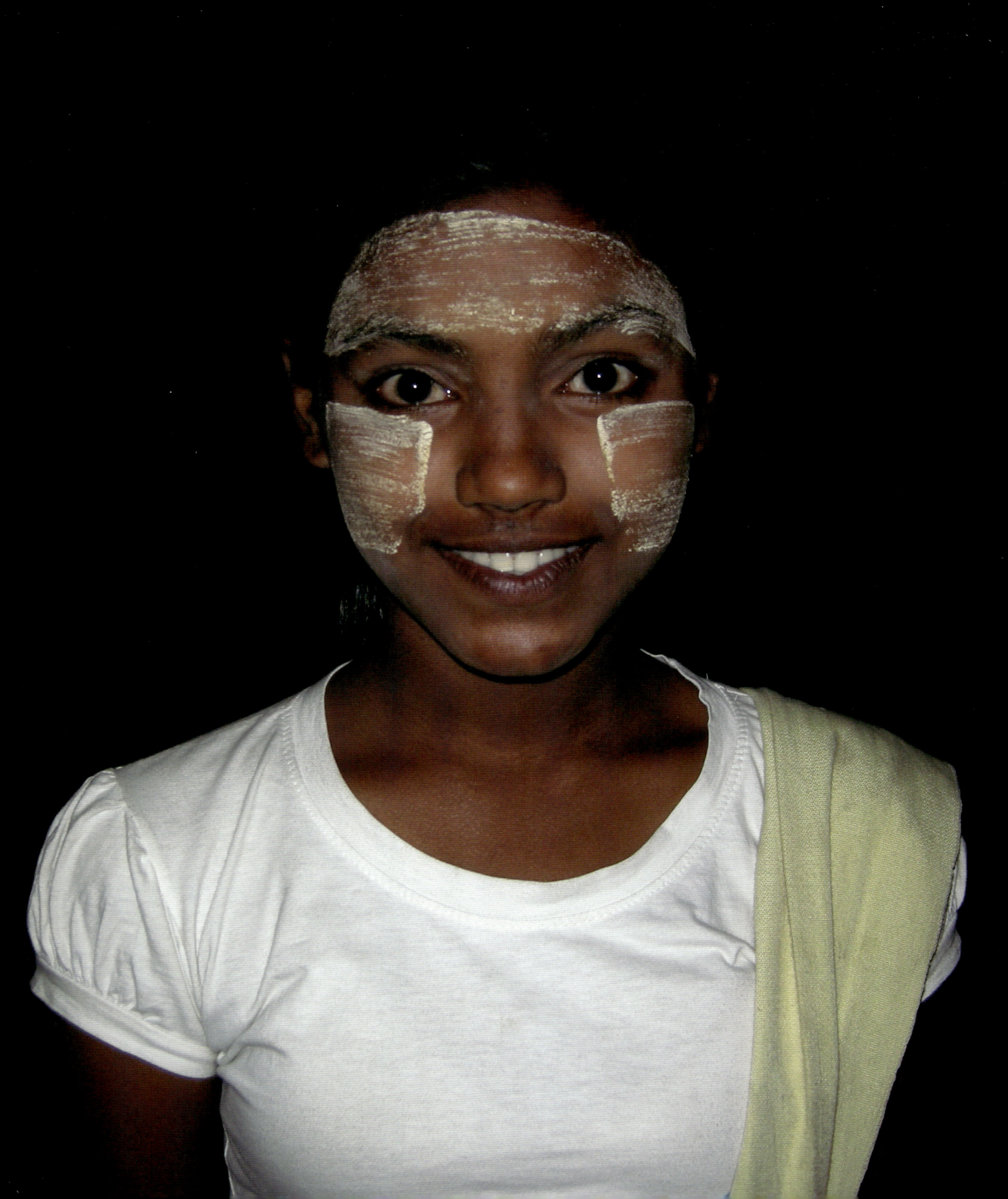

Min Min, jeune serveur de nuit dans une échoppe, port de Bagan (Région de Mandalay). ∧
< Myaing, jeune vendeuse de cartes postales devant le Strand Hotel, Yangon.

Faune

Voici quelques-unes des espèces que la Birmanie recèle : mangouste, ours de l'Himalaya, ours noir d'Asie, gaur (buffle), banteng (bovidé sauvage), muntjac (cerf aboyeur), chevrotain, pangolin (mammifère à écailles), macaque, panda roux, tigre, léopard, sanglier, civette, lynx, éléphant (6 000 en liberté, 5 800 en captivité, la plupart d'entre eux travaillant dur pour extraire le teck coupé au fin fond de la jungle), chèvre angora, écureuil, singe, daboia (serpent, 4,70 m, qui vous raye de la surface de la Terre en moins de temps qu'il ne faut pour l'écrire), rhinocéros, chat birman (ou sacré de Birmanie), tortue marine, dugong (dauphin de l'Irrawady pouvant mesurer jusqu'à 3 mètres de long, vivant en eau douce sur 370 kilomètres du fleuve Ayeyarwady ; classé dans la liste des espèces en voie de disparition, on en dénombre entre 50 et 70) et des oiseaux par milliers.

< Environ 60 tigres vivent aujourd'hui dans la vallée reculée de Hukaung, ils souffrent des affrontements entre l'armée birmane et les rebelles de la minorité ethnique kachin. (photo Olive White)

*Un bon arbre peut loger
dix mille oiseaux.*

Bouddha

Bœuf et ses habits d'apparats lors de festivités à Meiktila (Région de Mandalay).

Transport des bestiaux sur le fleuve Ayeyarwady, près de Bagan (Région de Mandalay).

Zébus en attente de leur chargement d'eau, route de Bagan (Région de Mandalay).

Singe habitant sur le mont Popa (Région de Mandalay).

À la soupe ! Une chienne et ses chiots, près de Mingun (Région de Mandalay).

Une truie et ses petits, dans un village près de Kyaing Tong (État Shan).

Pêcheur traînant un bébé requin, plage de Longthar, golfe du Bengale (État d'Arakan).

Poisson-perroquet harponné par Kyiwe, île près de Ngapali, golfe du Bengale (État d'Arakan).

Poissons jumeaux pêchés dans le golfe du Bengale, village de Longtha (État d'Arakan). ∧
Marché aux poissons de Sittwe (État d'Arakan). >

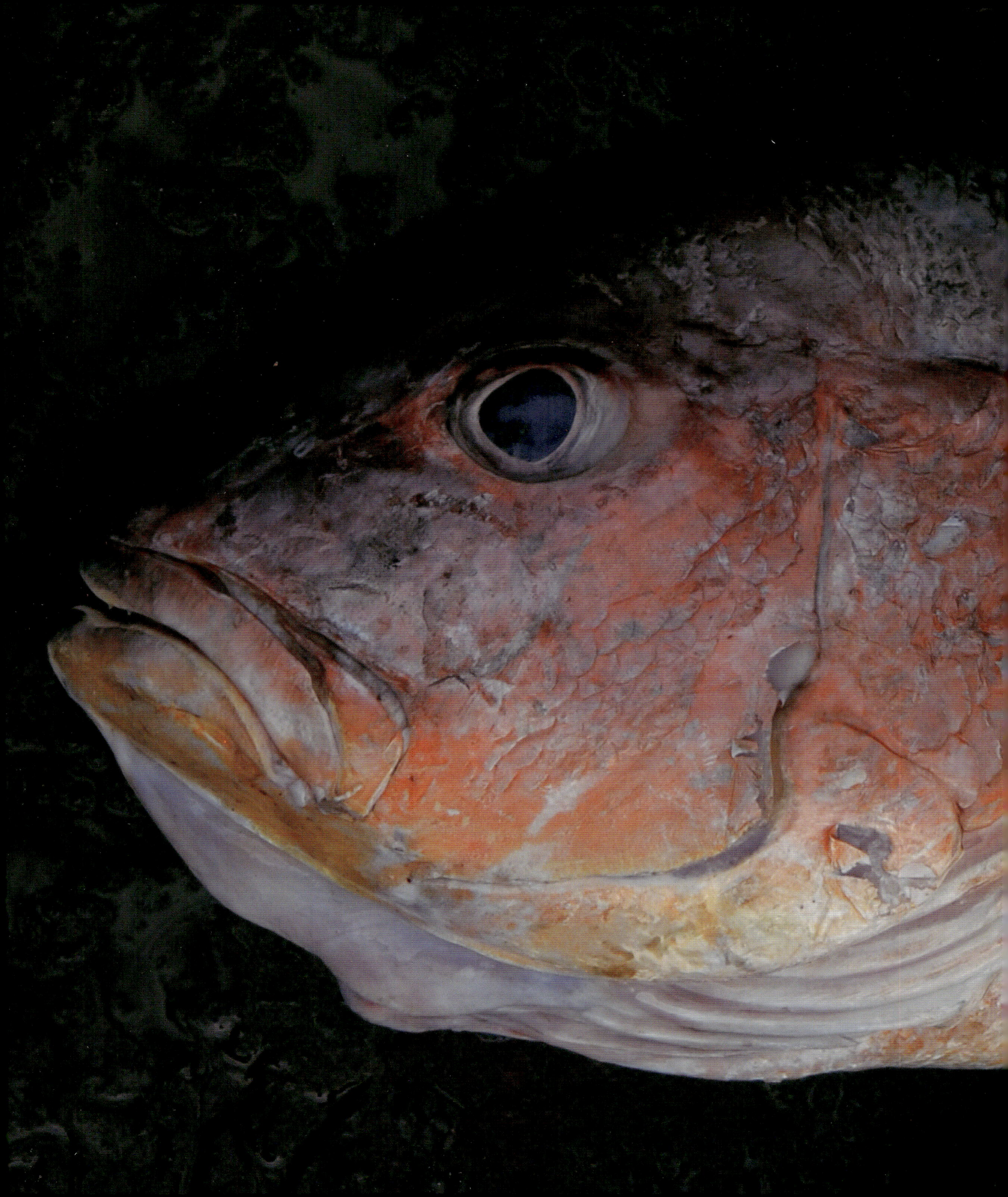

Poisson bulle échoué sur la plage de Ngapali, golfe du Bengale (État d'Arakan).

Tortue de mer égarée sur la plage de Chaungtha (Région d'Ayeyarwady).

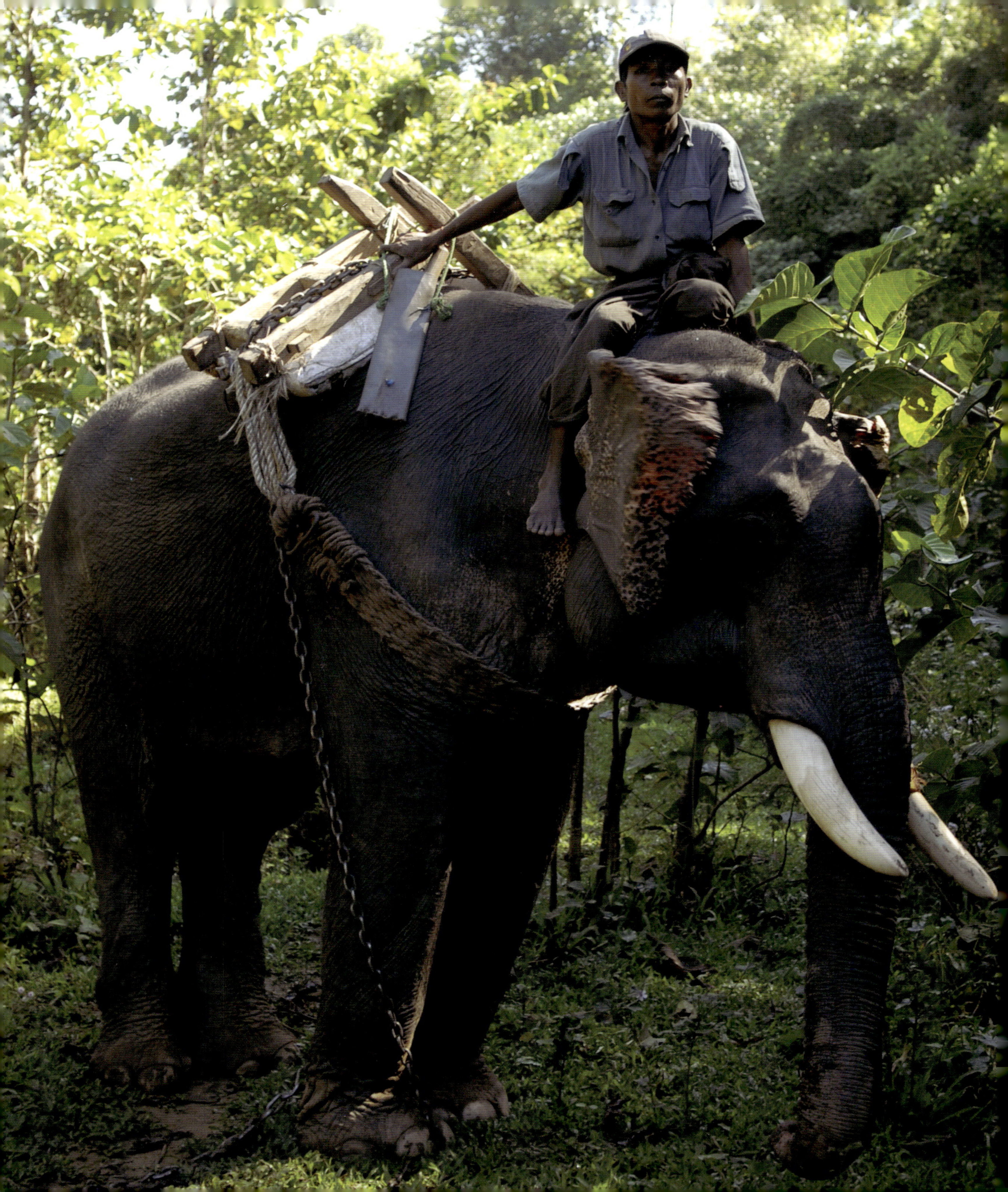

Attelage d'un éléphant, forêt tropicale à 80 kilomètres de Taungoo (Région de Bago). ∧
< Molosse dressé au ramassage des troncs de teck près de Taungoo (Région de Bago).

Le "dieu Éléphant", lors d'une fête locale, route de Pathein (Région d'Ayeyarwady).

Éléphanteau dans la jungle et son maître Htun 13, ans, à 80 kilomètres de Taungoo (Région de Bago).

Ourson captif, village de Chaugtha (Région d'Ayeyarwady). ∧
Gouba et son compagnon, marché de Taungoo (Région de Bago). >

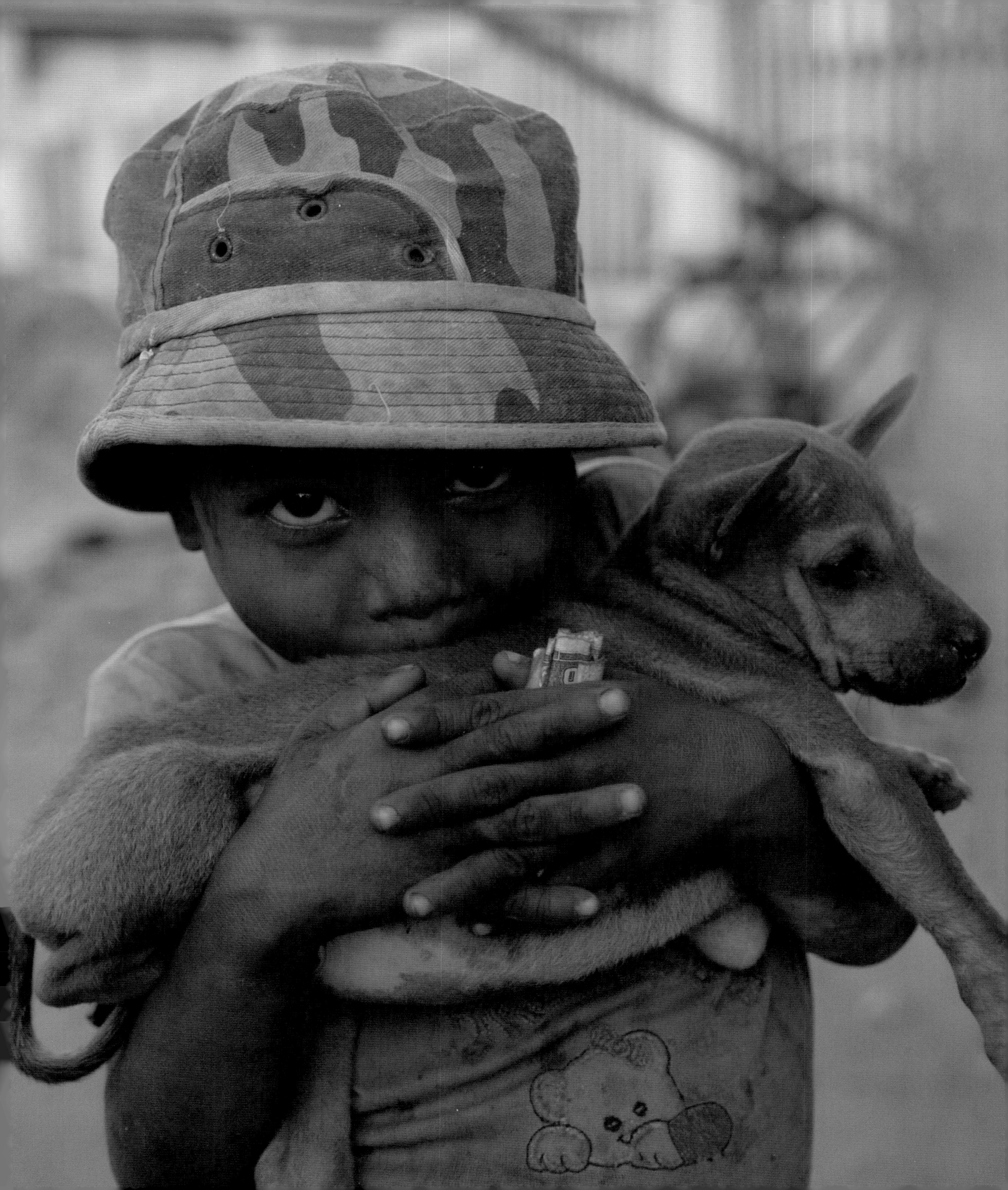

Sacré de Birmanie blanc au regard jaune et bleu, Hsipaw (État Shan).
Chat birman sur la rampe de son balcon, Sittwe (État d'Arakan).

Chats birmans domptés dans le monastère de Nga Phe Chaung, au milieu du lac Inle (État Shan).
(Double page suivante) Mouette planant au-dessus du lac Inle (État Shan).

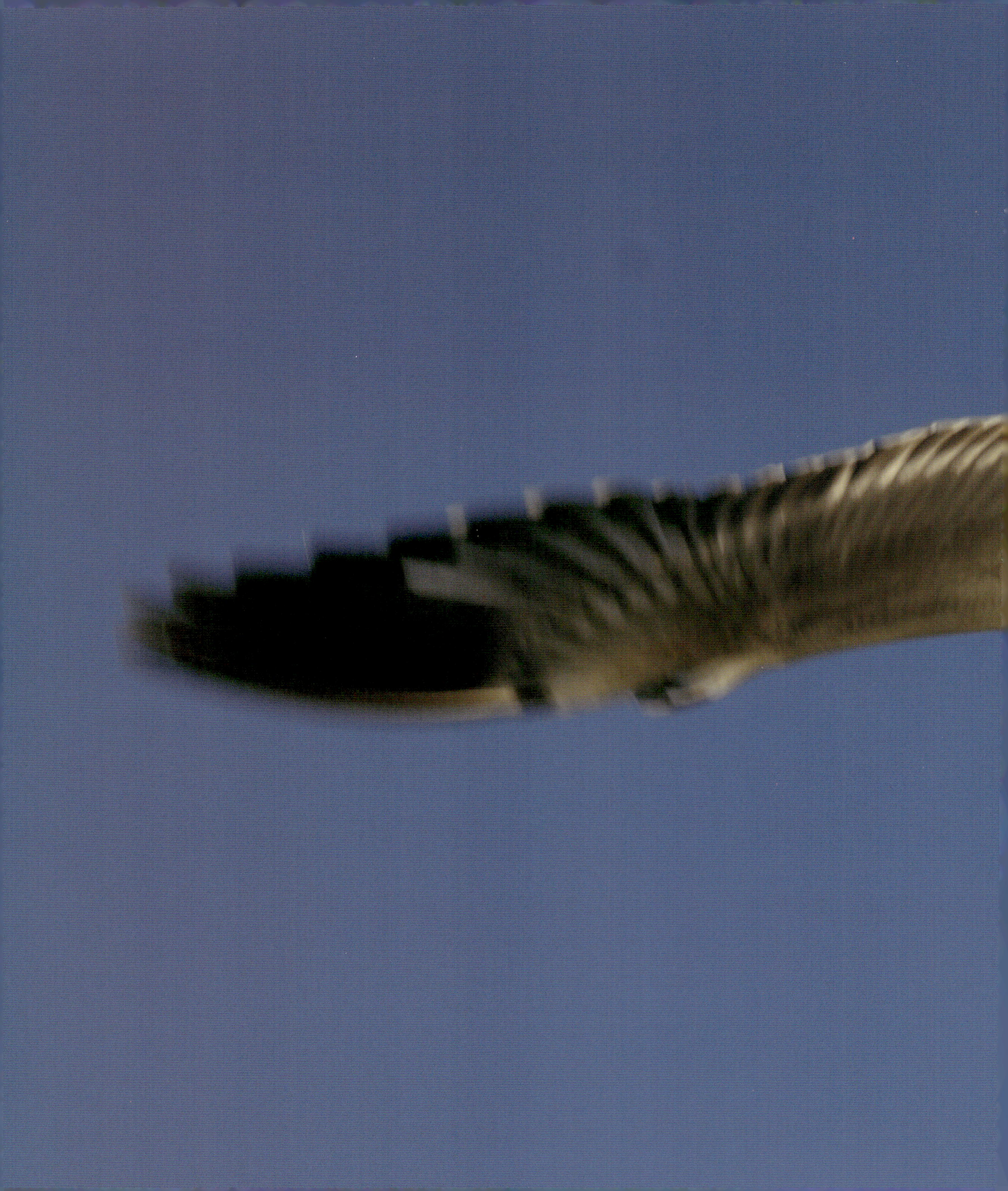

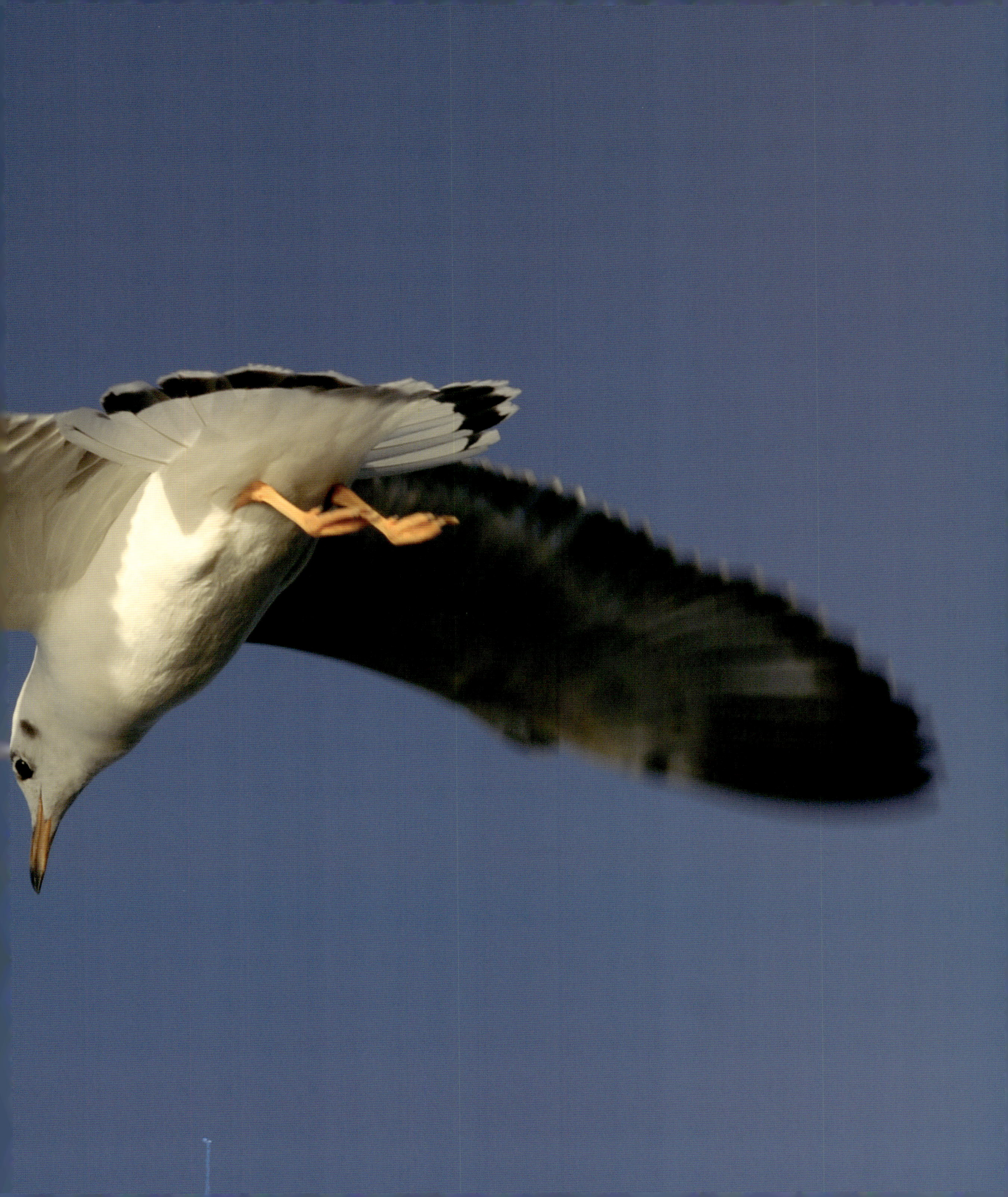

Transports

Les maîtres mots pour les transports birmans sont lenteur et patience. Prendre son temps à la birmane sans jamais bien savoir l'heure de l'arrivée, telle est la devise !

Pratiques et pas chers : trickshaw (vélo porteur), camionnette, taxi, camion déglingué, char à bœufs, bus brinquebalant, moto, train rafistolé, calèche, pirogue, bateau, ferry, tout est bon pour se déplacer dans ce vaste pays (d'une superficie égale à celles de la France et de la Belgique réunies). Ici, les Birmans conduisent une main sur le volant, une main sur le klaxon, le long de routes qui relèvent de l'aventure ou de l'improvisation. Mais c'est cela, la Birmanie : être en harmonie avec le rythme lent du fleuve Ayeyarwady, des pleines lunes, du pas sûr des moines, du déhanchement gracieux des femmes apprêtées dans leurs longhis fleuris.

< Vélo-taxi à double place,
Thandwe (État d'Arakan).

Il n'y a point de chemin vers le bonheur, le bonheur est le chemin.

Proverbe d'Asie du Sud-Est

Tracteur désossé conduit par Aung, 13 ans, Longtha, golfe du Bengale (État d'Arakan).

Camionnette rafistolée et en état de marche, Myitkyina (État Kachin).

Bus carrossé en bois peint, Nyaungshwe, lac Inle (État Shan).

Bus en préparation pour le départ, route de Bhamo (État Kachin).
(Double page suivante) Jeune femme et son incontournable vélo chinois, abords de Sagaing (Région de Mandalay).

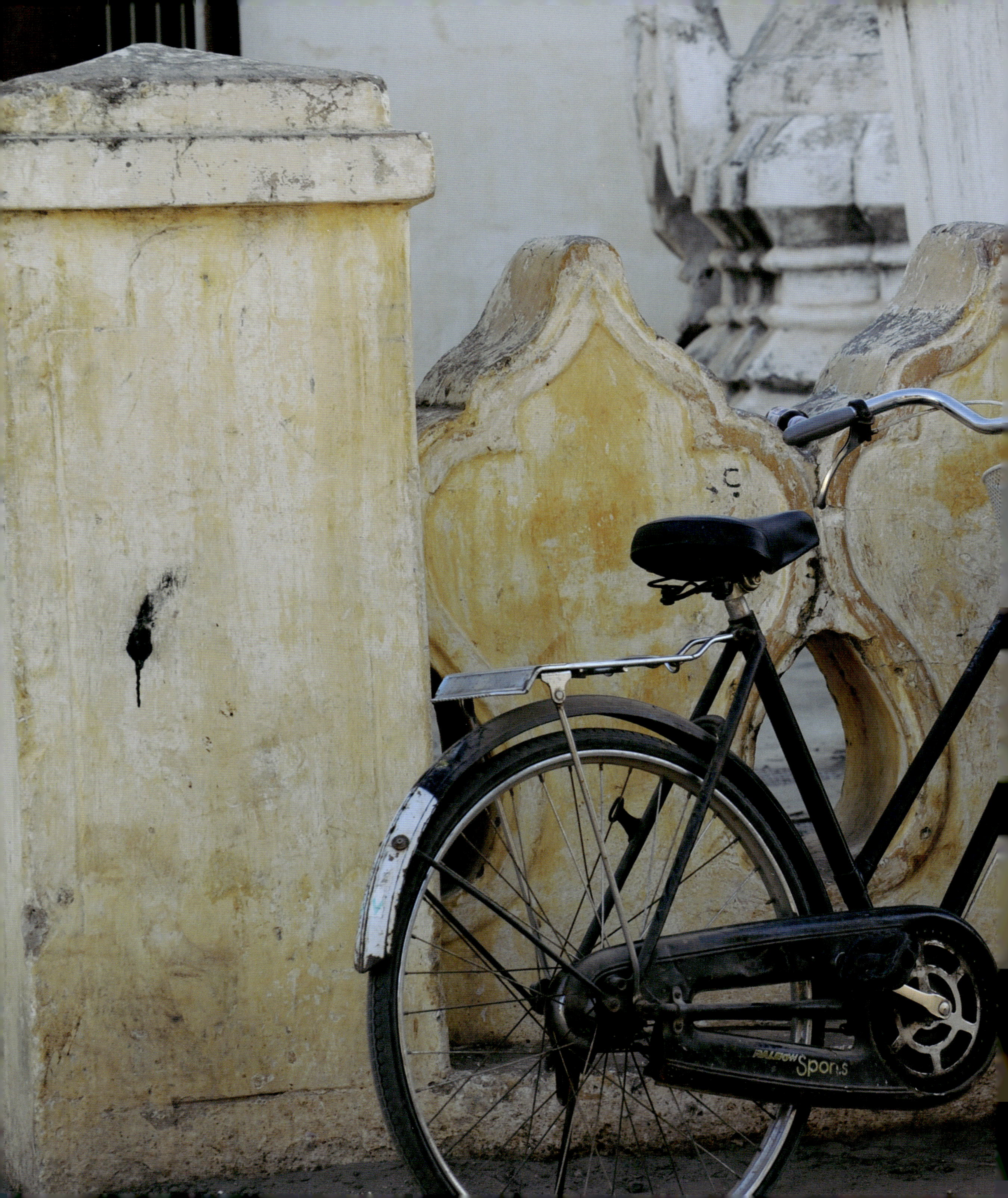

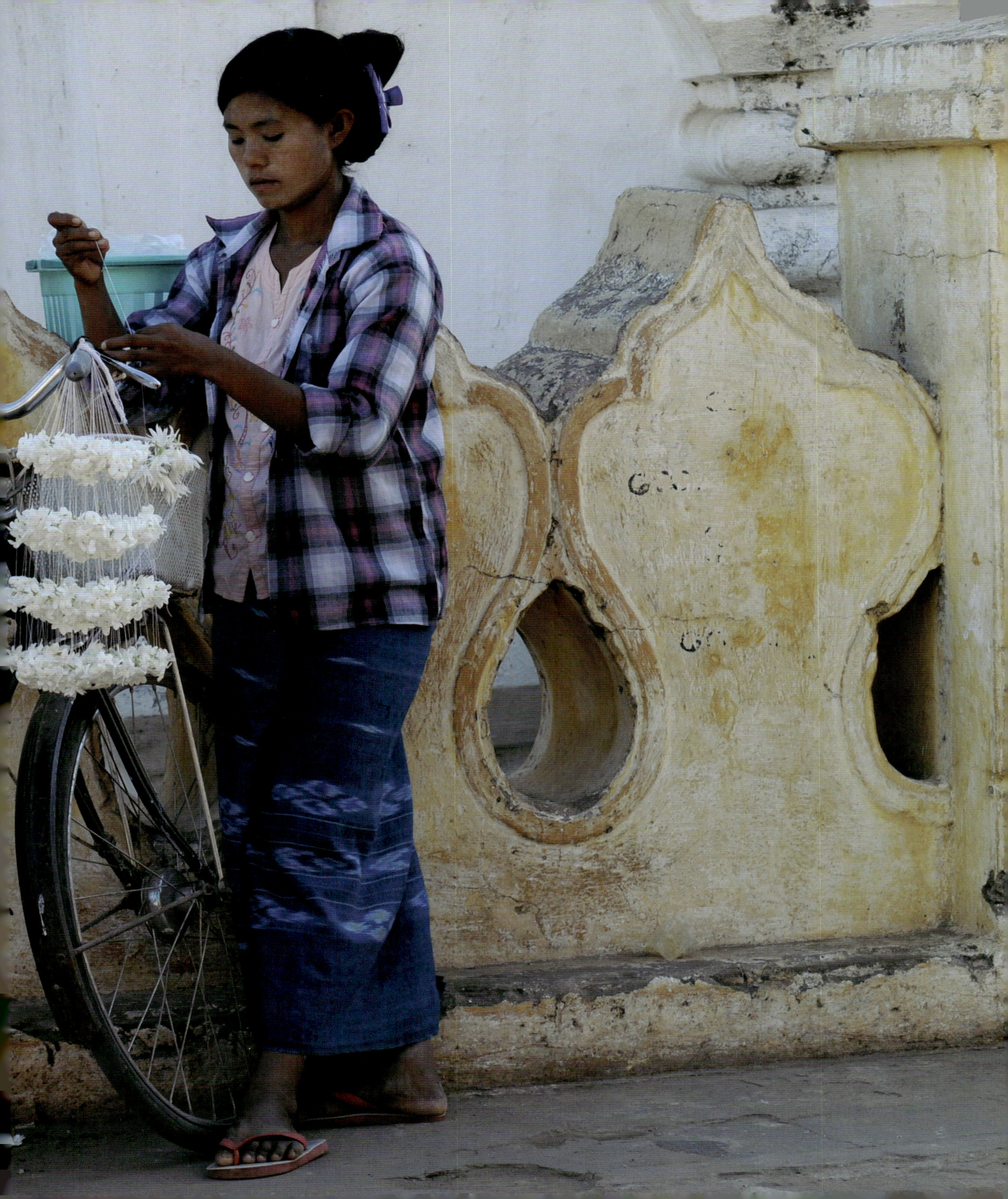

Se déplacer en camionnette pour quelques kyats, route de Bhamo (État Kachin).

Clients en attente du chauffeur de la moto-taxi ; trajet régulier Thandwe-Linthar, golfe du Bengale (État d'Arakan).

Train à l'arrivée, gare centrale de Yangon.

Voyageurs en partance aux aurores pour Mandalay, gare centrale de Yangon.

Dara, moine en voyage pour Mandalay.

Train de nuit en direction de Myitkyina (État Kachin).

Le vélo : outil de travail indispensable, Keng Tung (État Shan).
Le vélo-taxi et souvent employé au transport de marchandises, Thandwe, golfe du Bengale (État d'Arakan).

Retour du marché de nuit, Hsipaw (État Shan).

Charrette bricolée avec des roues de voiture. Sittwe (État d'Arakan).

Calèche pour locaux ou touristes, Pagan (Région de Mandalay).

Vélo-taxi, marché central de Thandwe (État d'Arakan).

Charrette très répandue en Birmanie, plage de Longthar, golfe du Bengale (État d'Arakan).

Chargement de bambou, abords de Mingun (Région de Mandalay).

Ferry Mandalay-Bagan, port de Bagan (Région de Mandalay).

Ferry pour tout véhicule, fleuve Ayeyarwady, près de Bagan (Région de Mandalay).

Capitaine de ferry, pieds devant ! À l'approche de Bagan.
(Double page suivante) Barque fluette de pêcheur, plage de Ngapali (État d'Arakan).

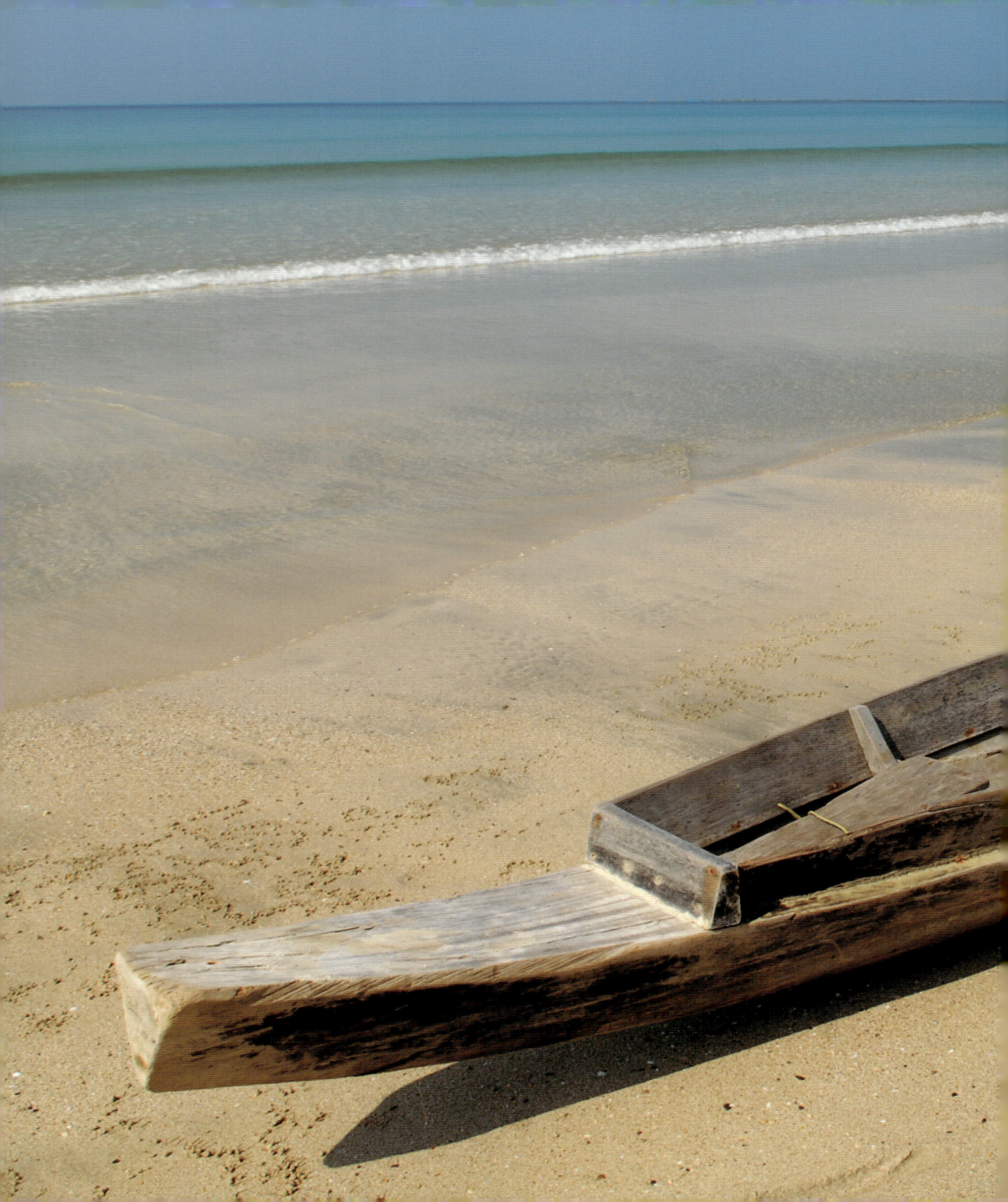

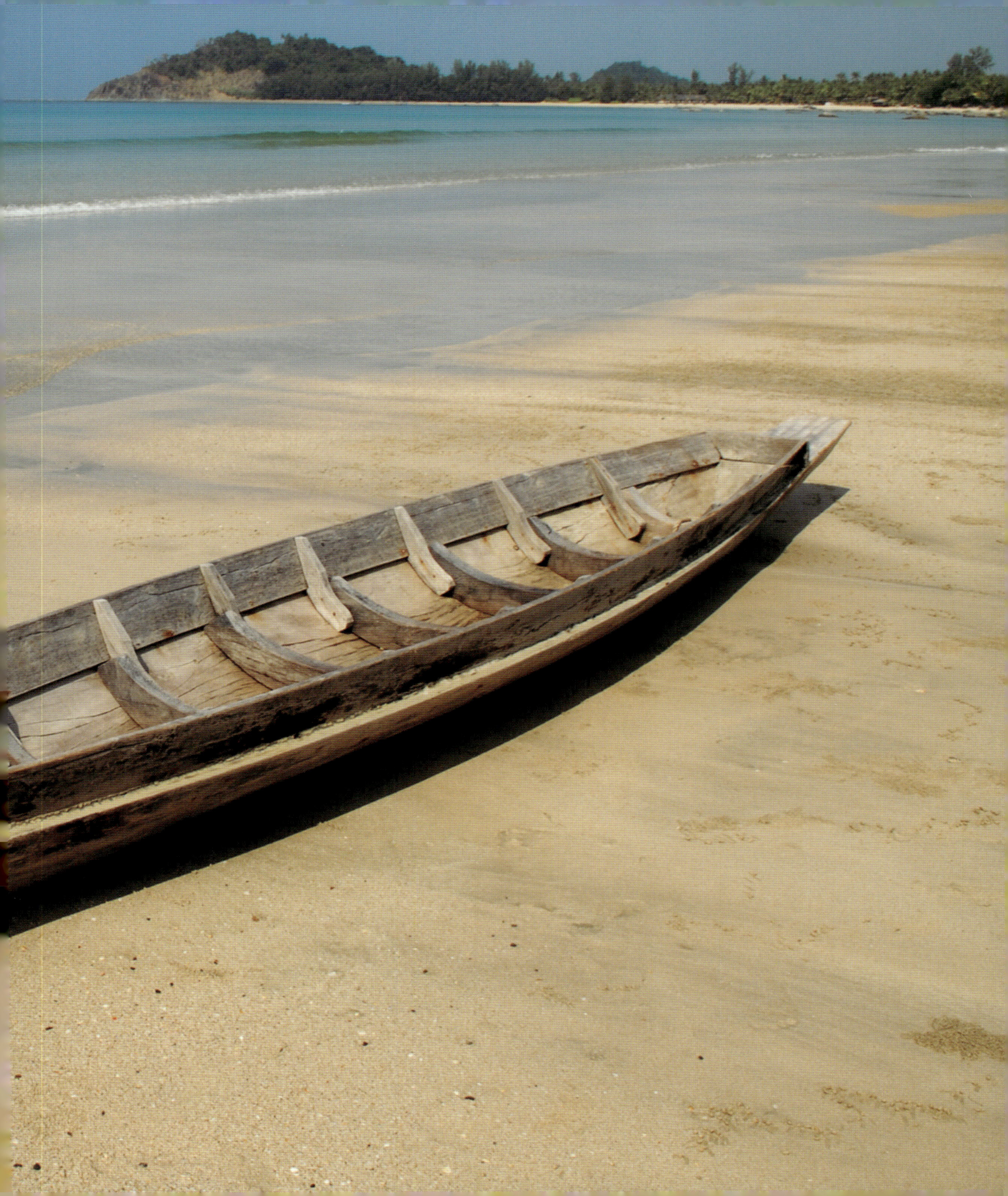

Marchés

Les marchés birmans développent tous nos sens à l'extrême, car ici tout est multitude : ethnies, couleurs, odeurs, saveurs, bruits, religions… Sur les marchés en plein air, on trouve de tout : étals de fruits et légumes à profusion, poissons et crustacés côtoyant la viande rouge posée sur une feuille de bananier, riz de différentes qualités près des poissons séchés… Tout cela finira dans les échoppes de cuisine implantées au cœur de la halle. Les marchés couverts abritent les stands d'épicerie, de droguerie, de quincaillerie, mais aussi les couturières, bijoutiers et boutiquiers en tout genre. Il n'y a pas de marché les jours de pleine lune et les jours de lune noire du calendrier bouddhique birman.

Ces lieux demeurent le poumon économique de la majorité du peuple birman.

< Étal de riz parfumé de Pathein, le meilleur de Birmanie (Région d'Ayeyarwady).

$$\left(\text{\textit{Tu ne peux pas obtenir du riz en broyant du son.}}\right)$$

Proverbe birman

Ruelle principale, marché de Sittwe (État d'Arakan).

Marché de poissons justes pêchés, Sittwe (État d'Arakan).

Vendeuse de pastèques et papayes à l'ombre d'un temple, Pyin-U-Lwin (État Shan).

Marché à Hsipaw, dès 3 heures du matin (État Shan).

Marché aux lumières matinales de Myitkyina (État Kachin).

Échoppe typique d'un marché birman, Thandwe, golfe du Bengale (État d'Arakan).

Ouverture aux aurores du marché de Toungoo (Région de Bago). ∧
Dépeceur de viande... et mouches à profusion, marché de Kyaing Tong (État Shan). >

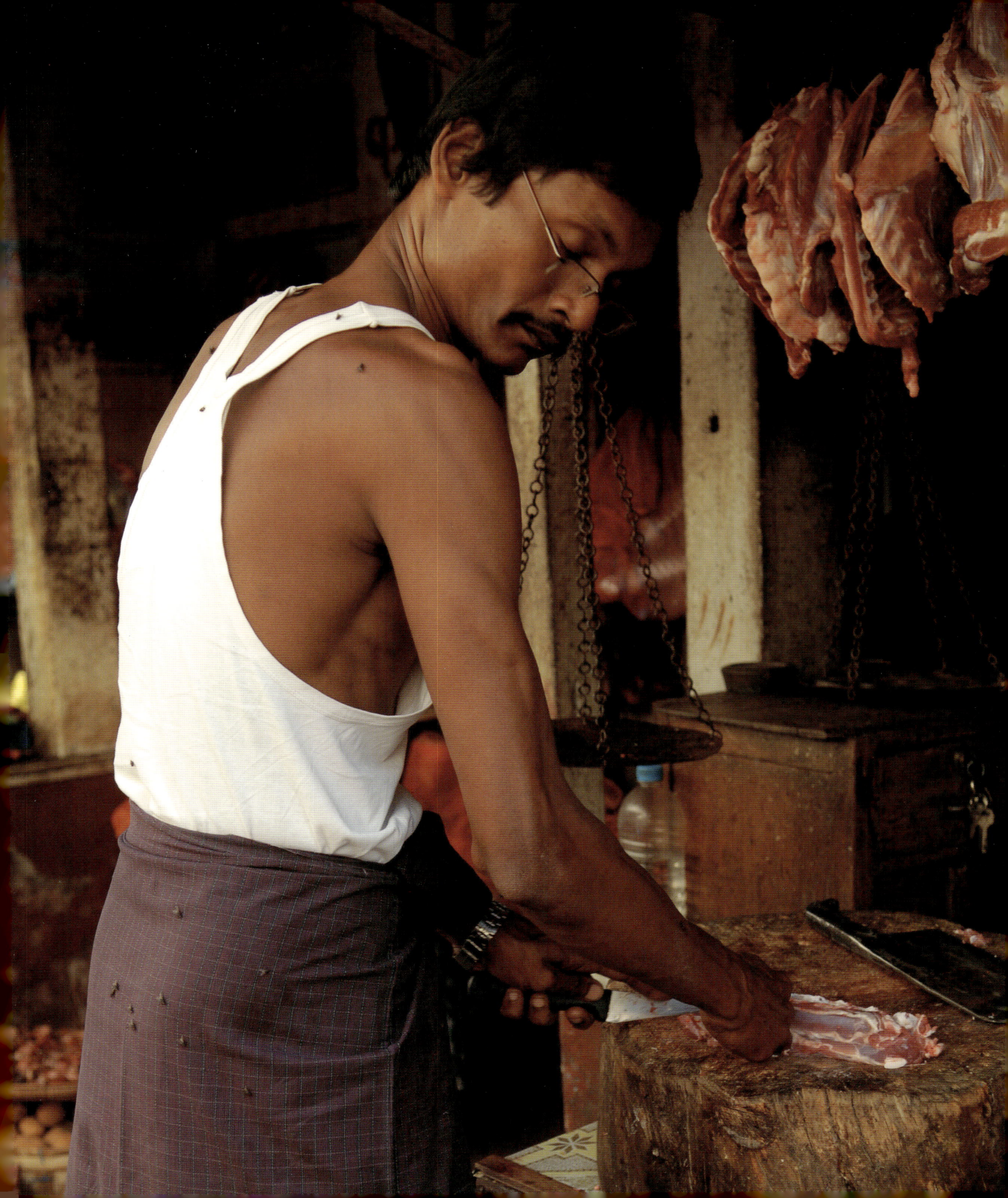

Étal de poissons sur feuilles de bananier, dans une rue de Yangon.

Vendeuse de poissons en demi-sommeil, marché de Bago (Région de Bago).

Femme rohingya en attente de clients pour ses galettes, abords du marché de Sittwe (État d'Arakan).

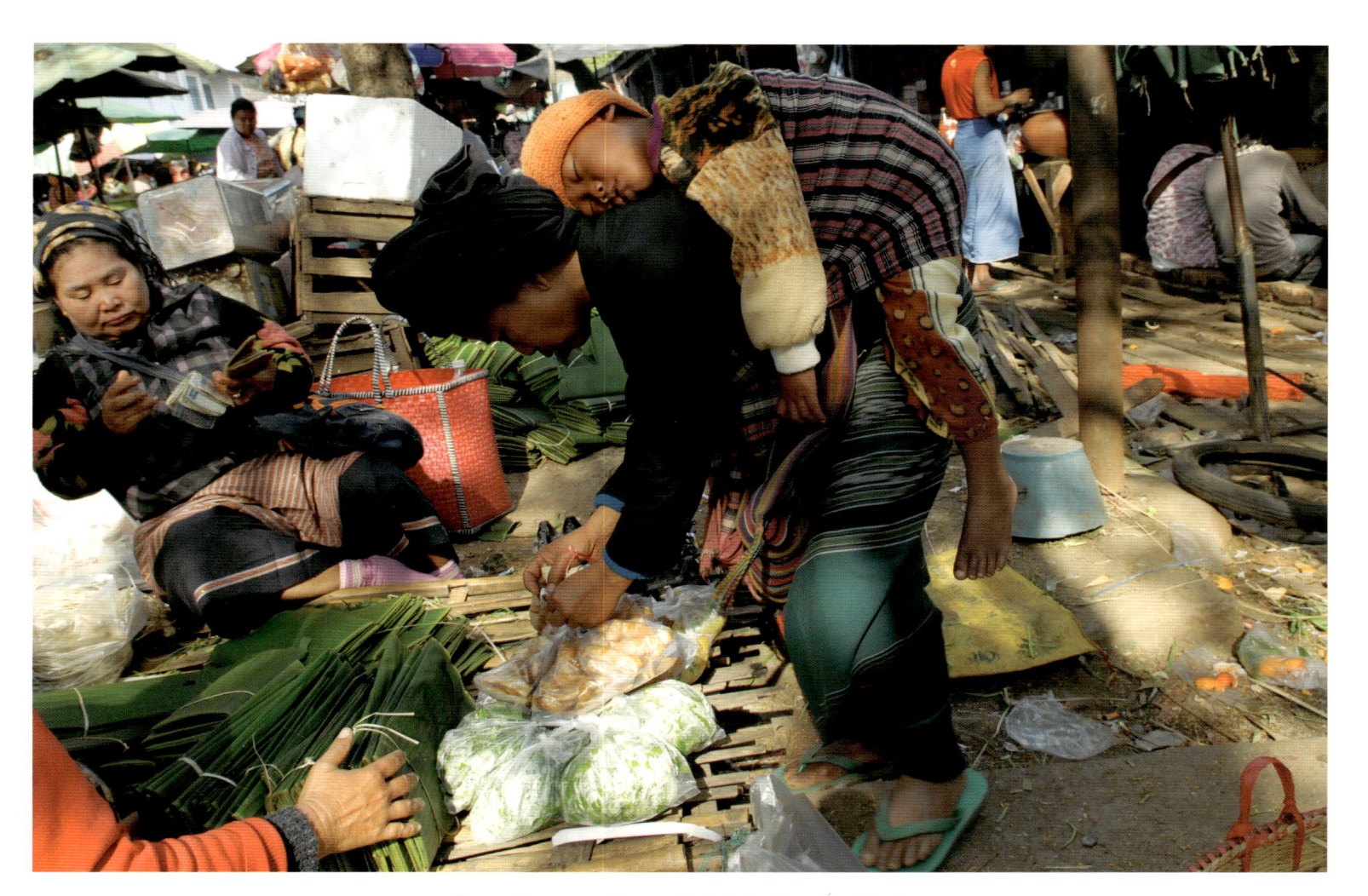

Femme Shan et son fils, marché de Kyaing Tong (État Shan).

Stand de bananes aux couleurs fluo, marché de Myitkyina (État Kachin). ∧
Jeune vendeuse de sucreries et cigarettes à l'unité, marché de rue à Yangon. >

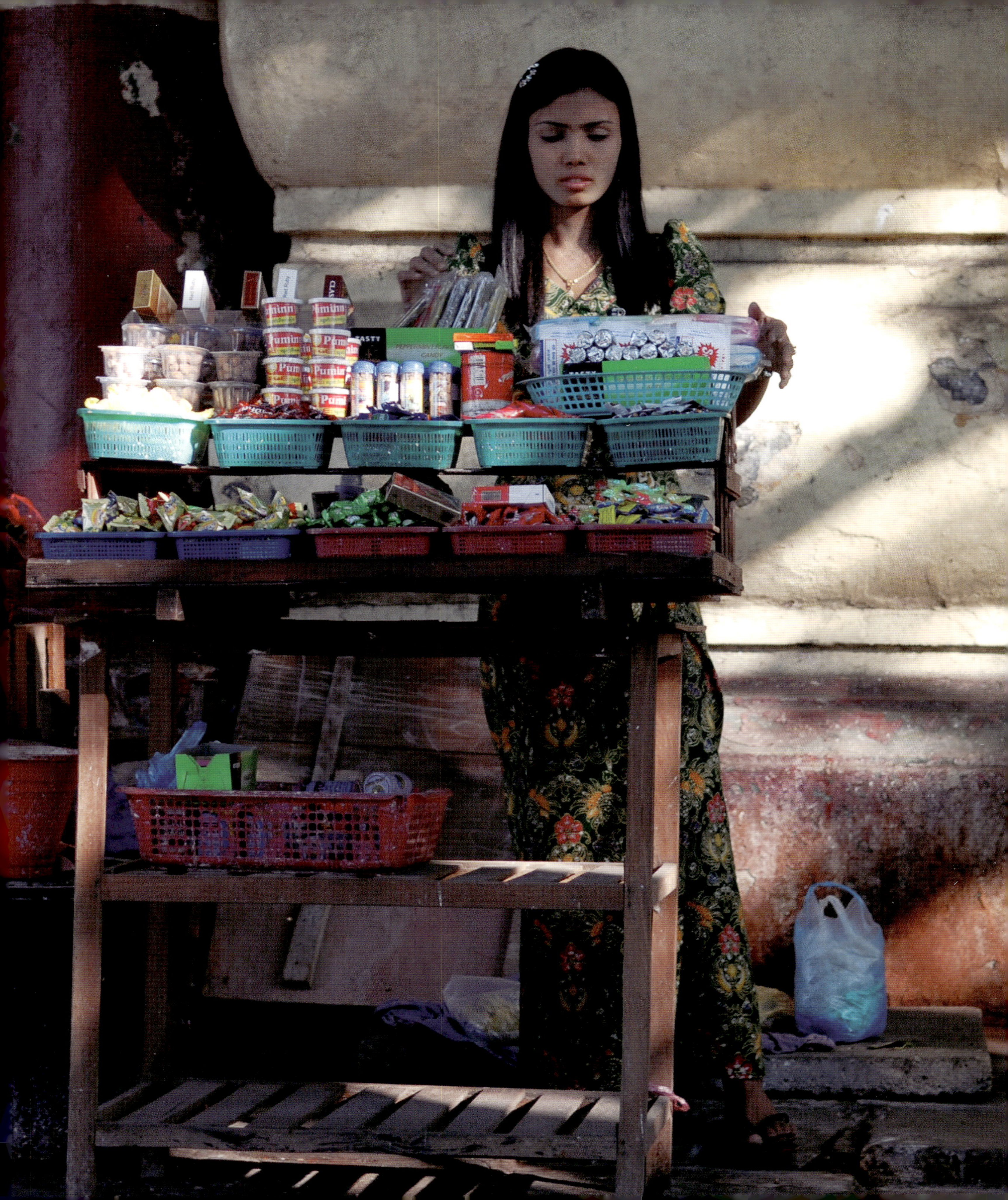
TASTY

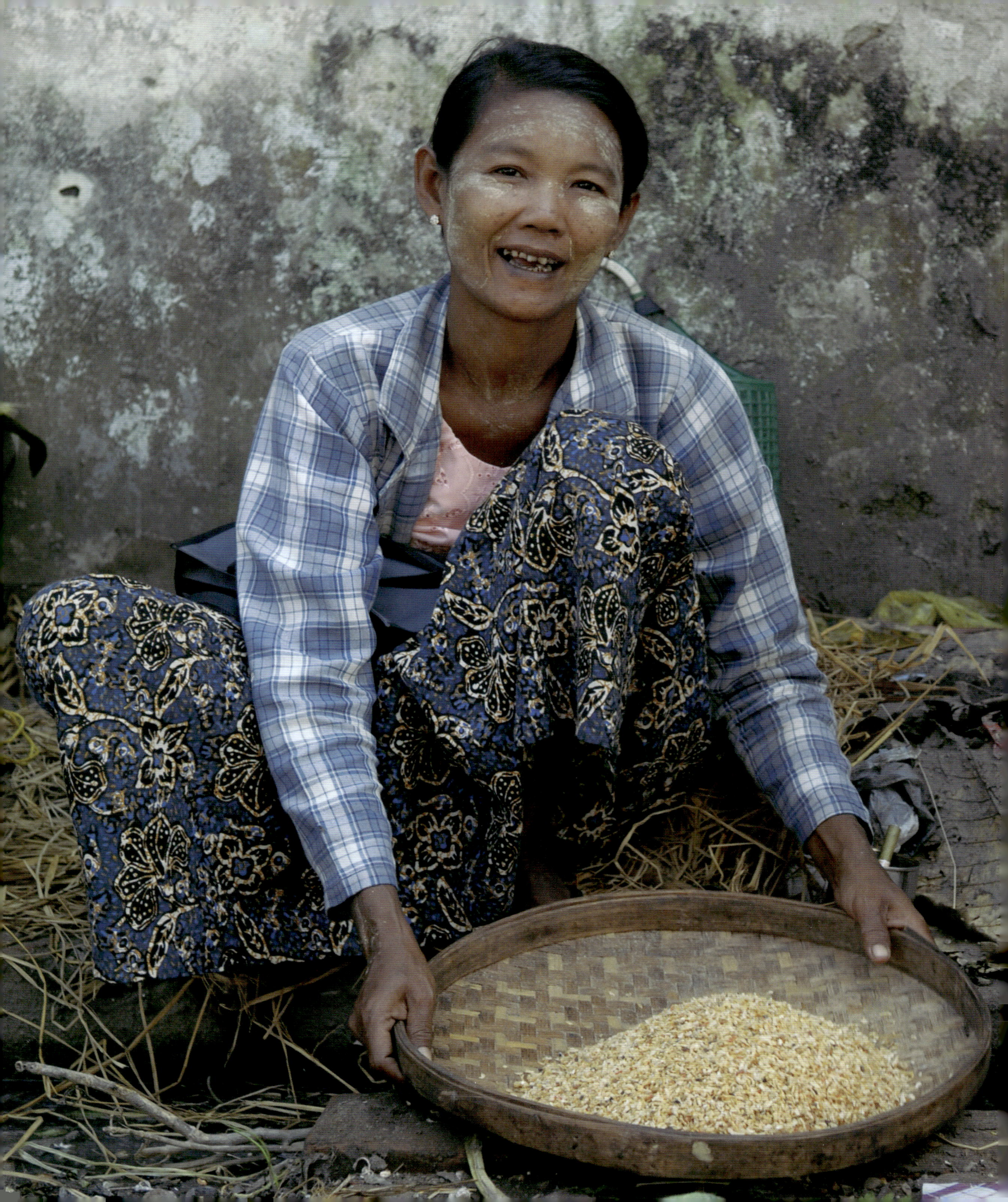

Poissons séchés, ingrédient de base de la cuisine birmane, marché de Bago (Région de Bago). ∧
< Femme triant des bébés crevettes séchés, marché central de Pathein (Région d'Ayeyarwady).

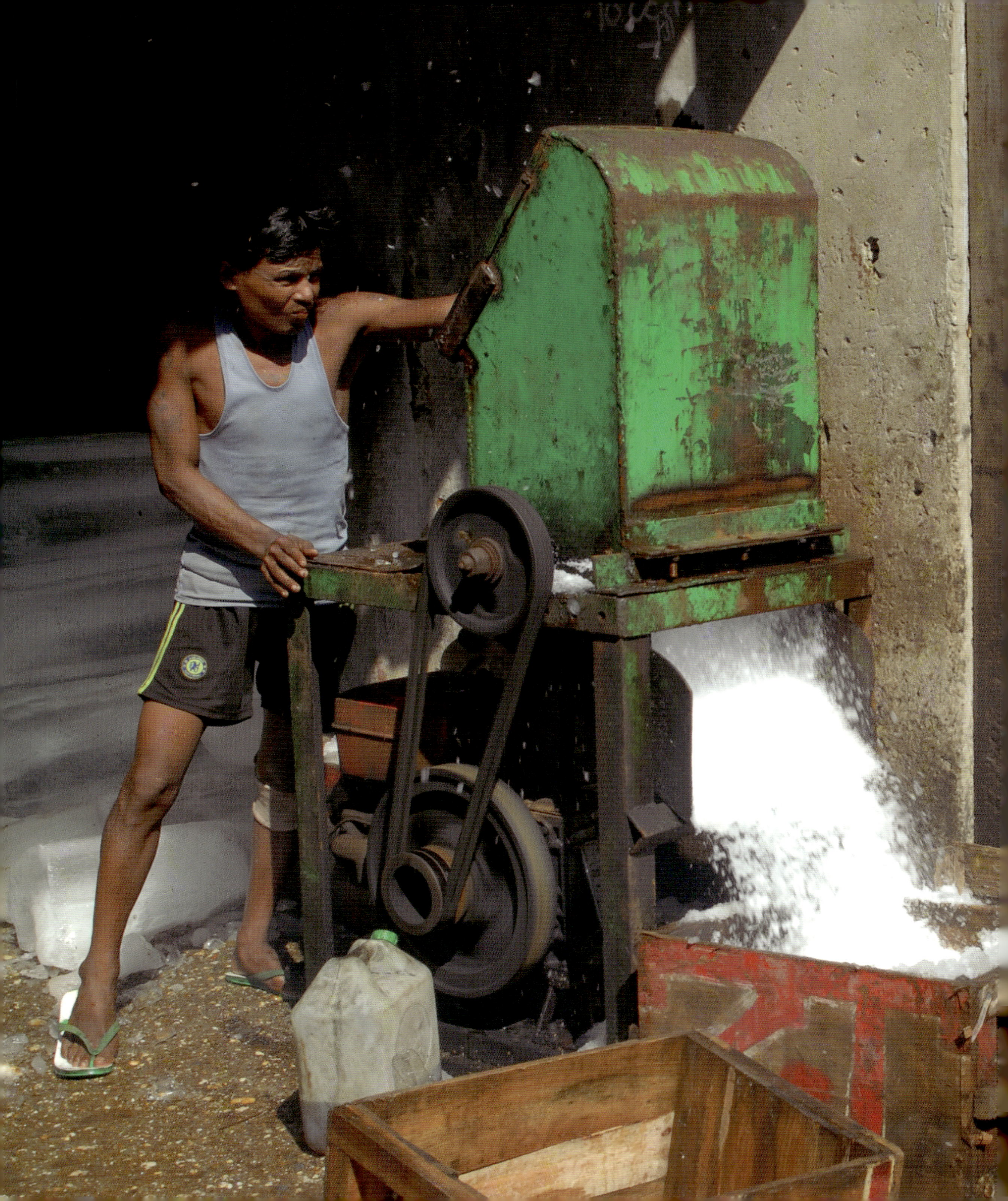

Étal de cosses de fèves, marché de Pathein (Région d'Ayeyarwady). ∧
< Broyage de blocs de glace pour conserver les poissons fraîchement pêchés, port de Yangon.

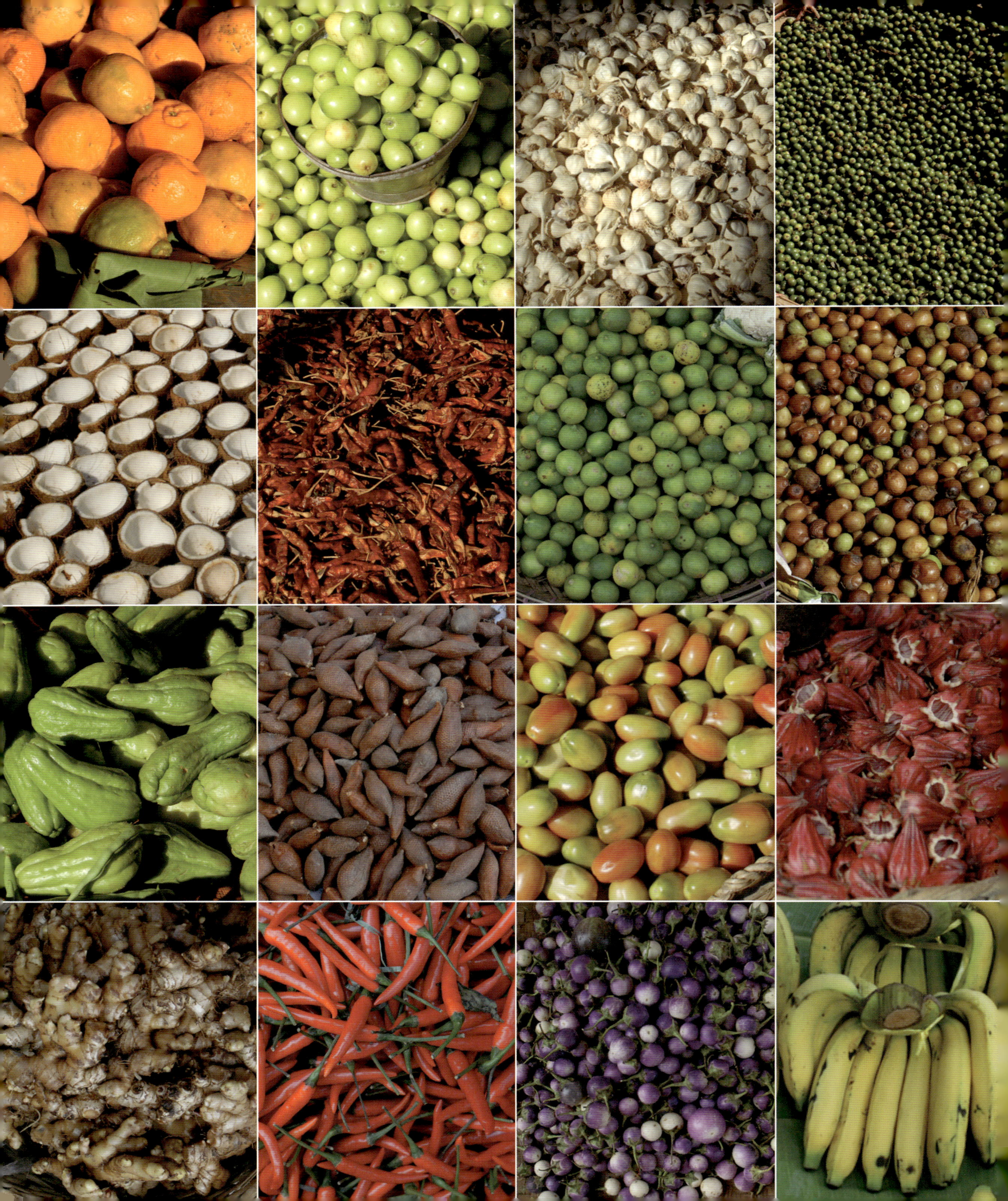

Piments, chou, tomates, tamarin, mandarines, marché de Yangon. ∧
< Les étals sur les marchés de Birmanie sont une explosion de couleurs multipliées.

Palette de verts sur le marché central de Nyaung-U (Région de Mandalay).

Vendeuse shan, marché de Myitkyina (État Kachin).

Poisson lacéré en lamelles pour un meilleur séchage, marché de Sittwe (État d'Arakan).

Petites crevettes frites en beignets, marché de Pathein (Région d'Ayeyarwady).

Gamelles de riz cuit, poulet, légumes et nouilles chinoises, marché de Kyaing Tong (État Shan).

Popote du matin au feu de bois, échoppe pour arrêt de bus sur la route de Pyay (Région de Bago).

Repas collectif sur le marché central de Yangon.
Jeune fille et sa *mohinga* (soupe traditionnelle birmane), marché de Thandwe (État d'Arakan). >

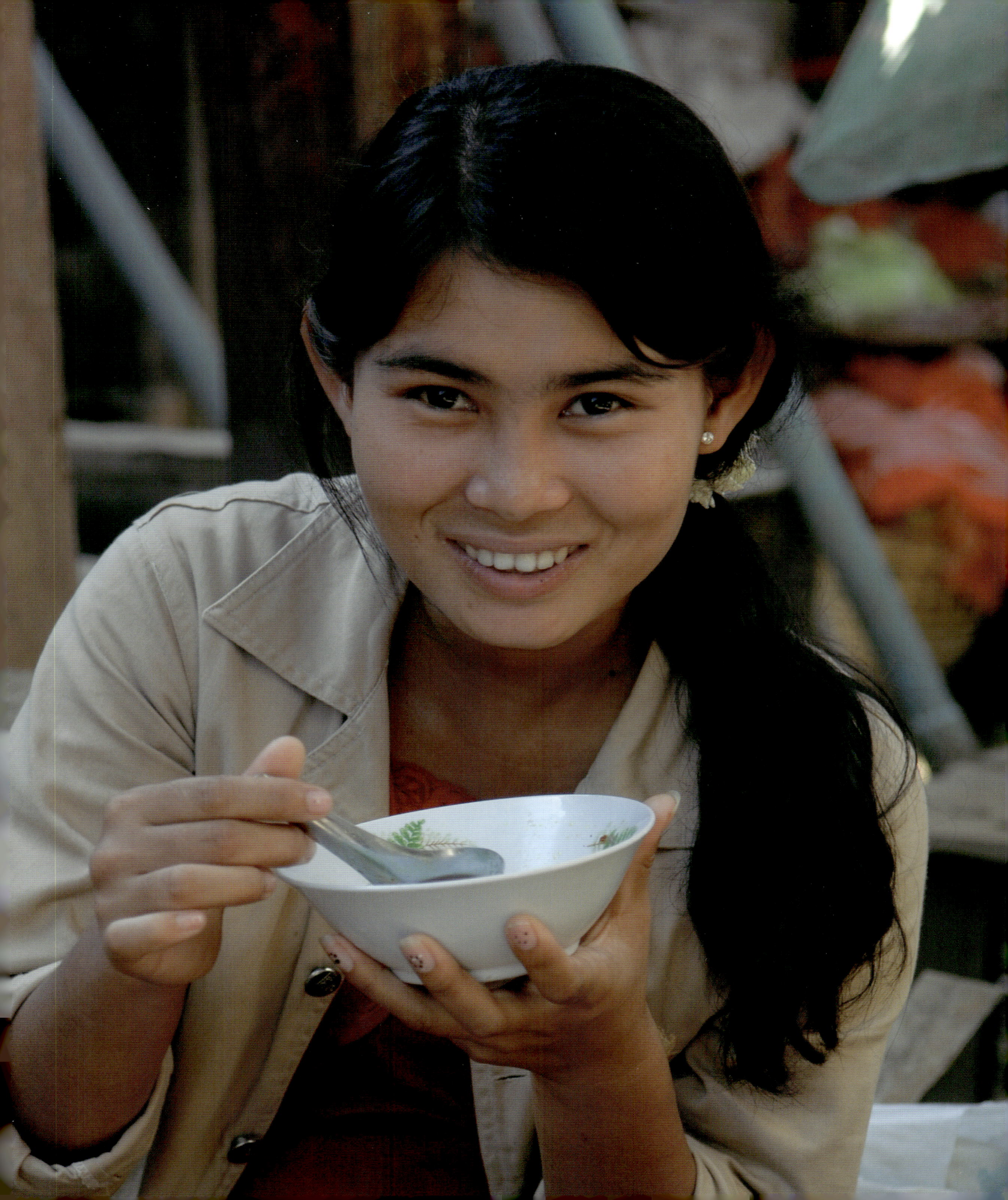

Vendeuse d'oranges en pause déjeuner, marché de Loikaw (État Kayah).

Vendeurs et acheteurs mangeant au milieu des étals, marché de Pyay (Région de Bago).

Poisson séché et cuisiné, pour accompagner les plats traditionnels birmans, Yangon.

Une multitude d'ingrédients accommodent les mets birmans, marché central de Myitkyina (État Kachin).

Piment finement broyé, concassé, haché, pilé, grillé, marché de rue à Yangon.

Larves de palmier, grillées et savoureuses, marché de rue à Yangon.

Préparation de la pâte à beignets pour le petit déjeuner, Yangon.

Beignets nature plongés dans l'huile en fusion, marché de Bagan (Région de Mandalay).

Moe, fier de sa cuisine, marché de Mawlamyine (État Môn).

Femme shan qui cuisine des beignets de légumes (État Shan).
(Double page suivante) Homme préparant la cuisine à la lueur d'une bougie, golfe du Bengale (État d'Arakan).

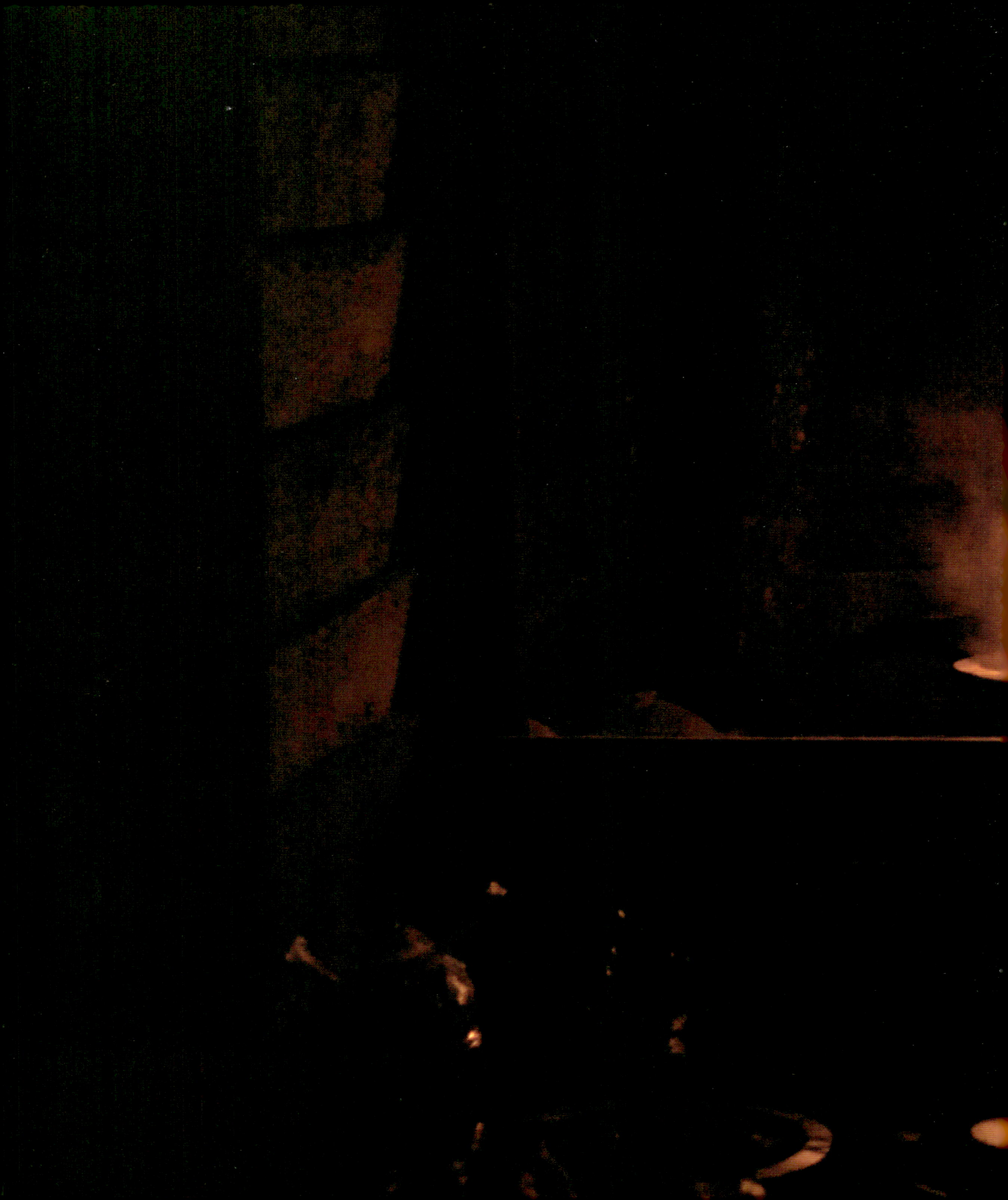

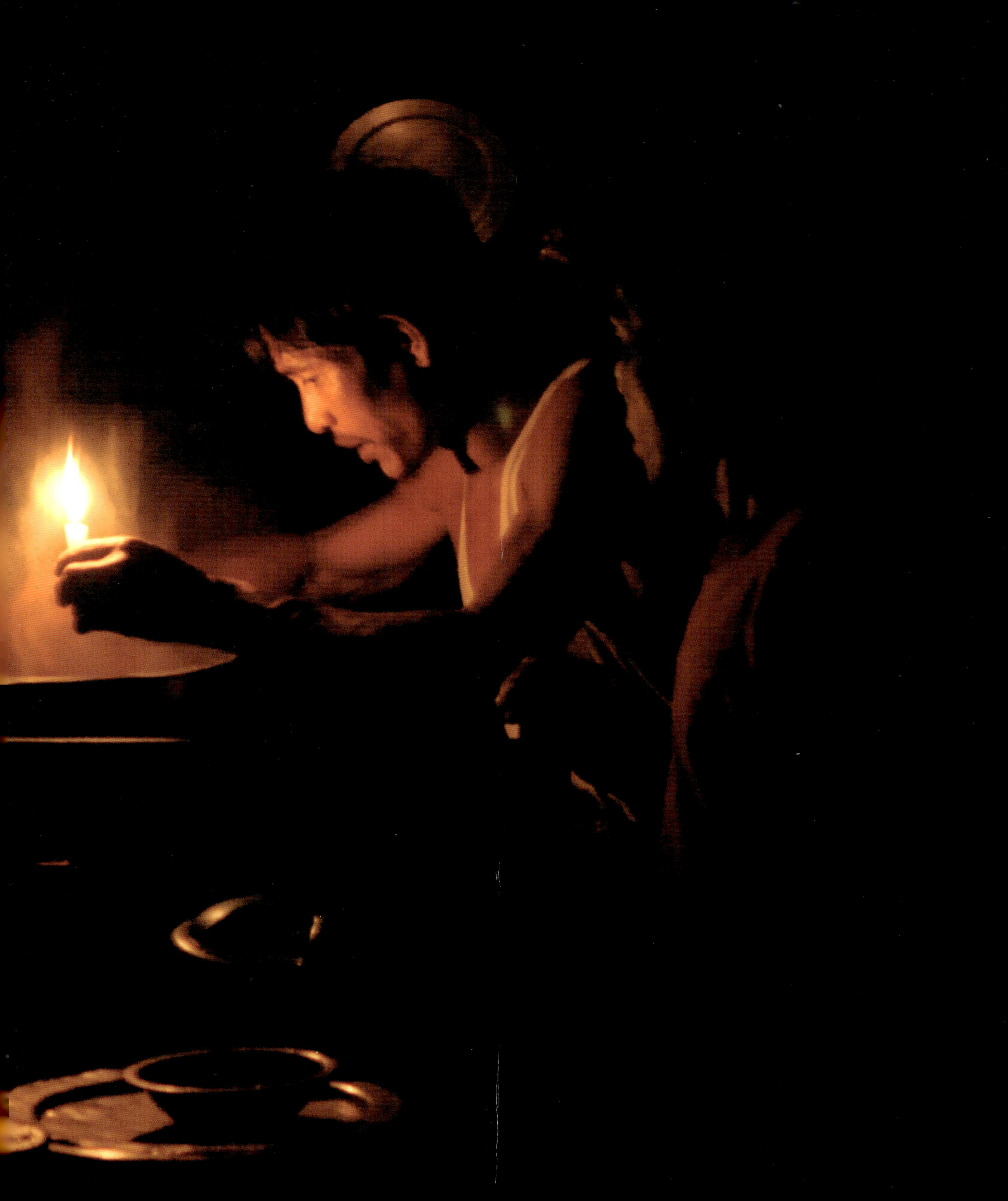

Habitations

Une grande majorité des maisons, surtout rurales, sont faites de bambou et de quelques planches.

Elles sont souvent construites sur pilotis pour les protéger des eaux montantes de la mousson qui sévit de juin à octobre. L'intérieur est humble et possède l'essentiel en mobilier : nattes, petits lits, hamacs, coffres de rangement, meubles à vaisselle et plans de travail pour la cuisine. En ville, le frigo et la télévision trônent au centre de la pièce principale, et marchent au gré des coupures d'électricité. Très souvent, les immeubles ou habitations citadines sont équipés d'un gros générateur chinois installé à même le trottoir. La population birmane fait peu de cuisine, préférant se restaurer dans la rue ou les échoppes des marchés environnants pour 1 000 ou 2 000 kyats (1,50 euro). Les pauvres dorment dans la rue ou dans un temple bouddhiste.

< Maison en bois sur pilotis, lac Inle (État Shan).

*Une maison en paille où l'on rit,
vaut mieux qu'un palais où l'on pleure.*

Proverbe d'Asie

Bateau habitation sur l'Ayeyarwady, Mingun (Région de Mandalay).

Maison sur barge, Bagan (Région de Mandalay).

Maison typique birmane en bois sur pilotis, route de Chaungtha (Région d'Ayeyarwady).

Maison de bambou, typique de l'ethnie Aka (État Shan).

Habitation "caméléon" en bois, bambou, palmier et nattes, île dans le golfe du Bengale (État d'Arakan).

Maison typique de pêcheur, village de Linthar, golfe du Bengale.

Habitations aka d'un village de montagne (État Shan).

Village de pêcheurs en feuilles de bambou, village de Linthar, golfe du Bengale (État d'Arakan).

Habitations en bois et tôle aux toits multiples, lac Inle (État Shan).

Maisons sur pilotis constituées de bambou et de panneaux tressés, lac Inle (État Shan).

Maison bourgeoise, Keng Tung (État Shan). ∧
Demeure musulmane, Sittwe (État d'Arakan). >

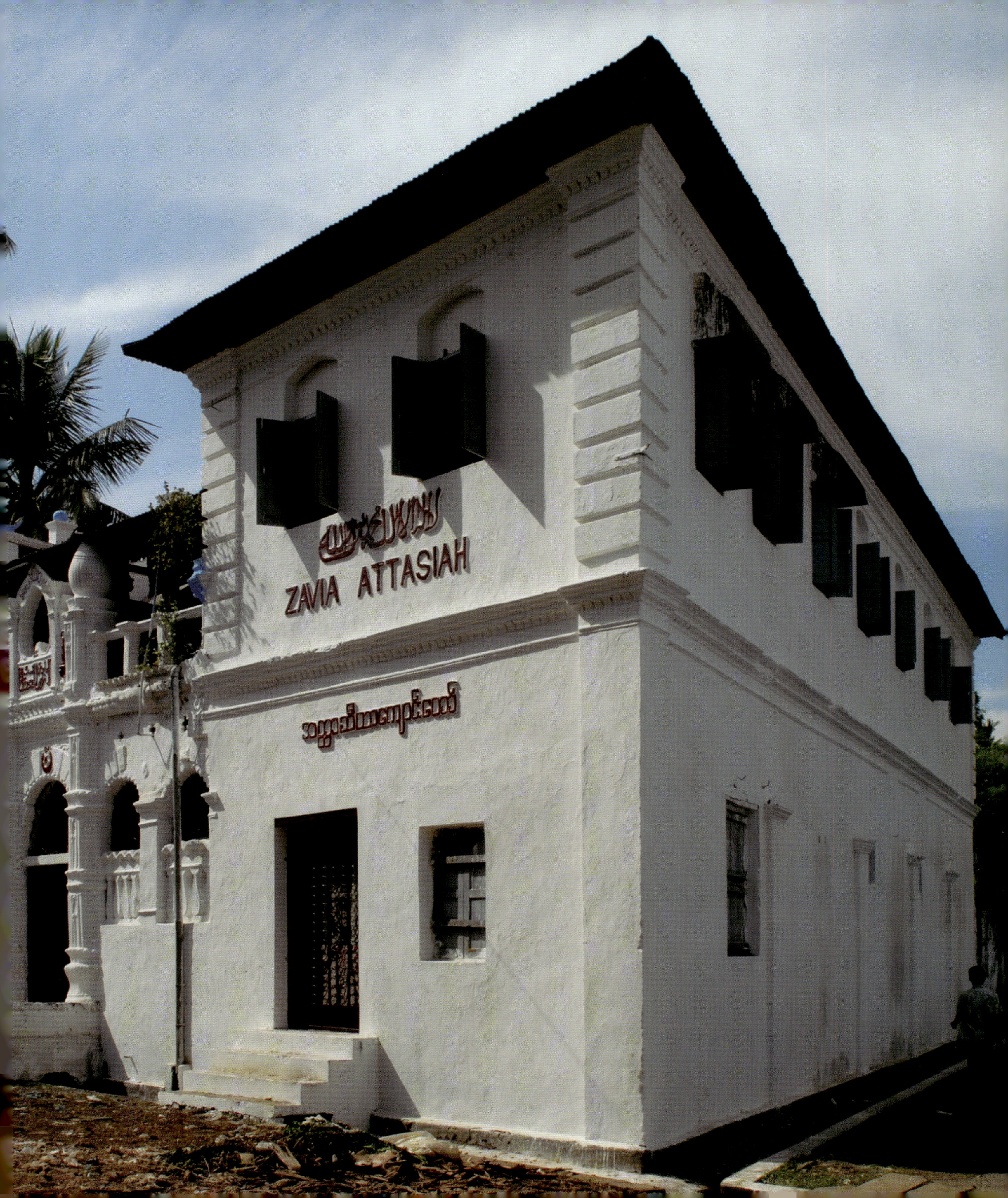
ZAVIA ATTASIAH

Ancienne demeure coloniale, Yangon.

Monastère près de Bagan où vit une communauté de moines bouddhistes (Région de Mandalay).
(Double page suivante) Maison vert céladon au cœur de Sittwe (État d'Arakan).

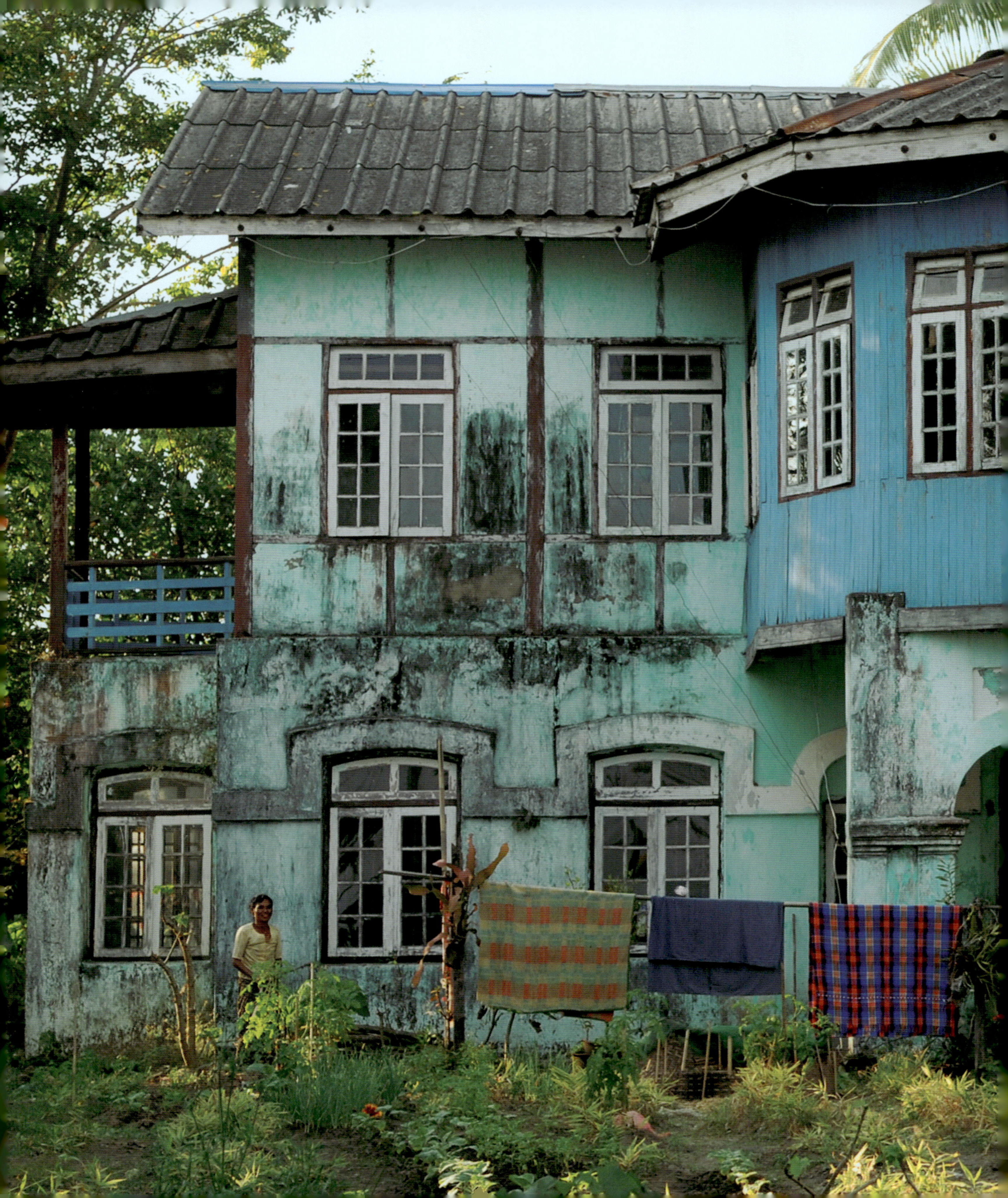

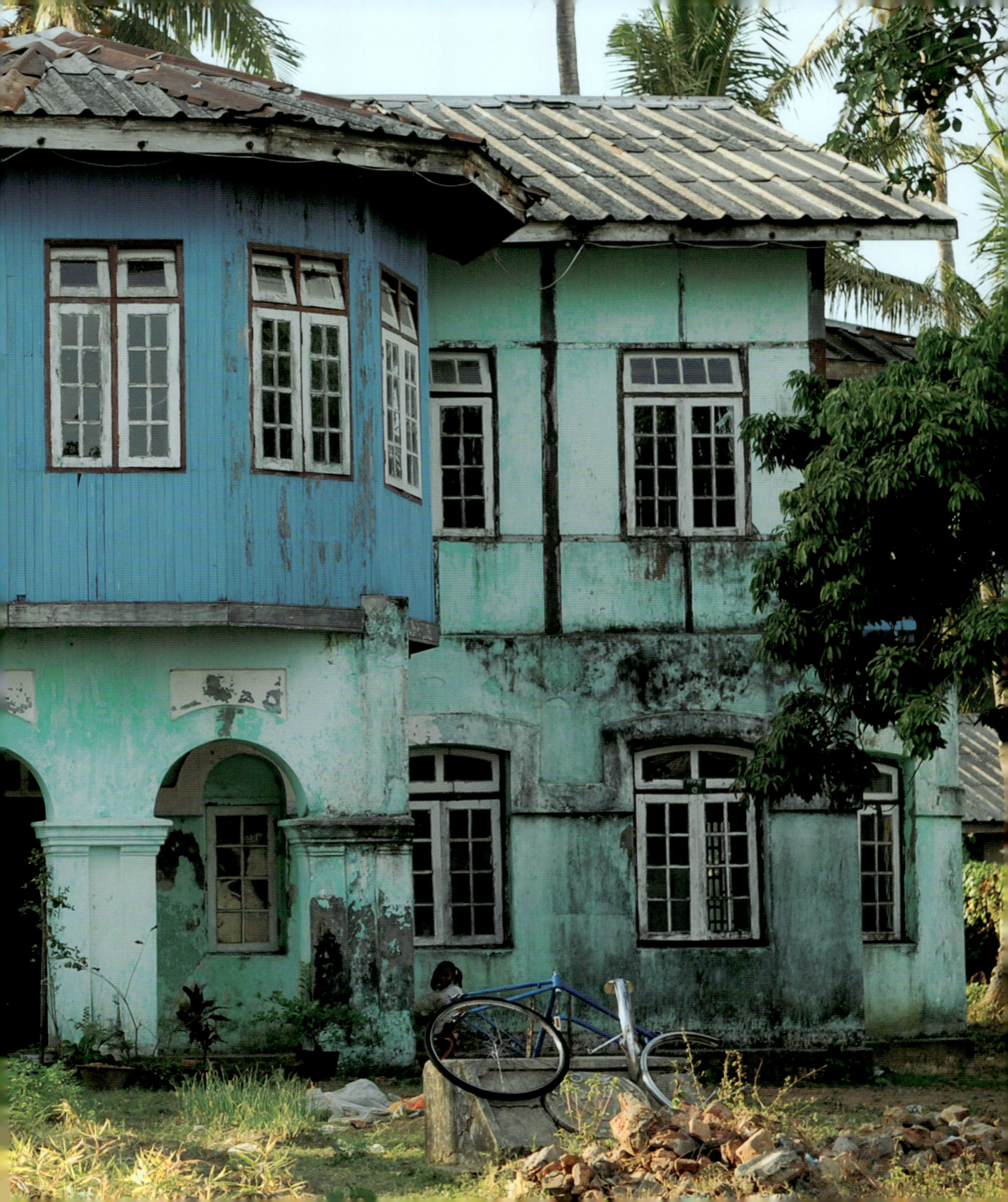

Bungalows pour touristes, plage de Chaungtha (Région d'Ayeyarwady).

Balcon du Beauty Land Guest House, structure et mobilier entièrement en teck. Taungoo (Région de Bago).

Façade coloniale usée, patinée, aux couleurs caribéennes, Yangon.

Façade et balcons délavés, rongés par l'humidité, Yangon.

Charme désuet des façades coloniales baroques de Yangon. ∧
Balcon de rue, vieux quartier de Sule Pagoda, Yangon. >

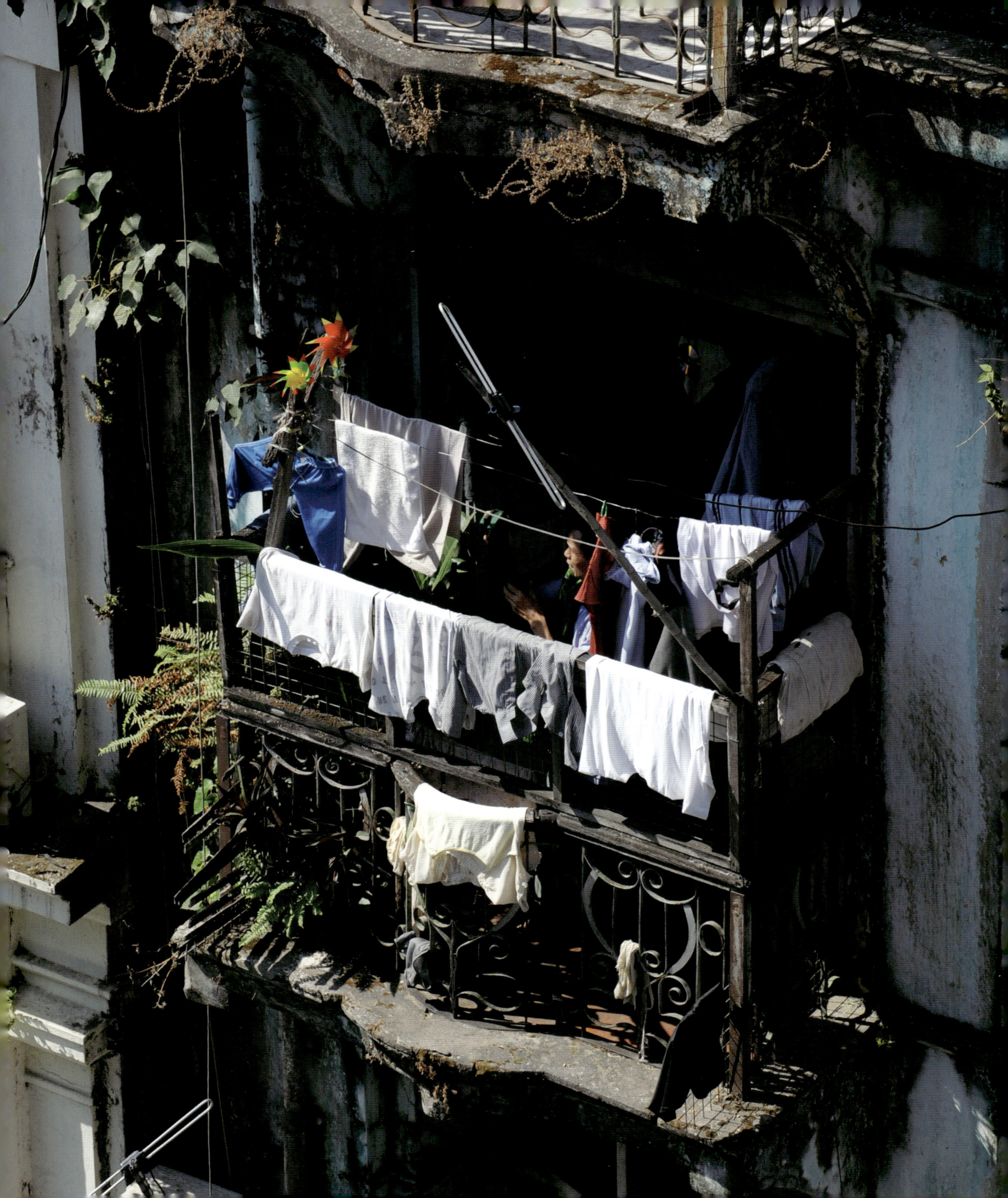

Immeuble décoré pour Noël, Yangon.

Joyau situé dans le vieux Yangon : le stûpa d'or Sule.
(Double page suivante) Échafaudage en bambou, route de l'aéroport, Yangon.

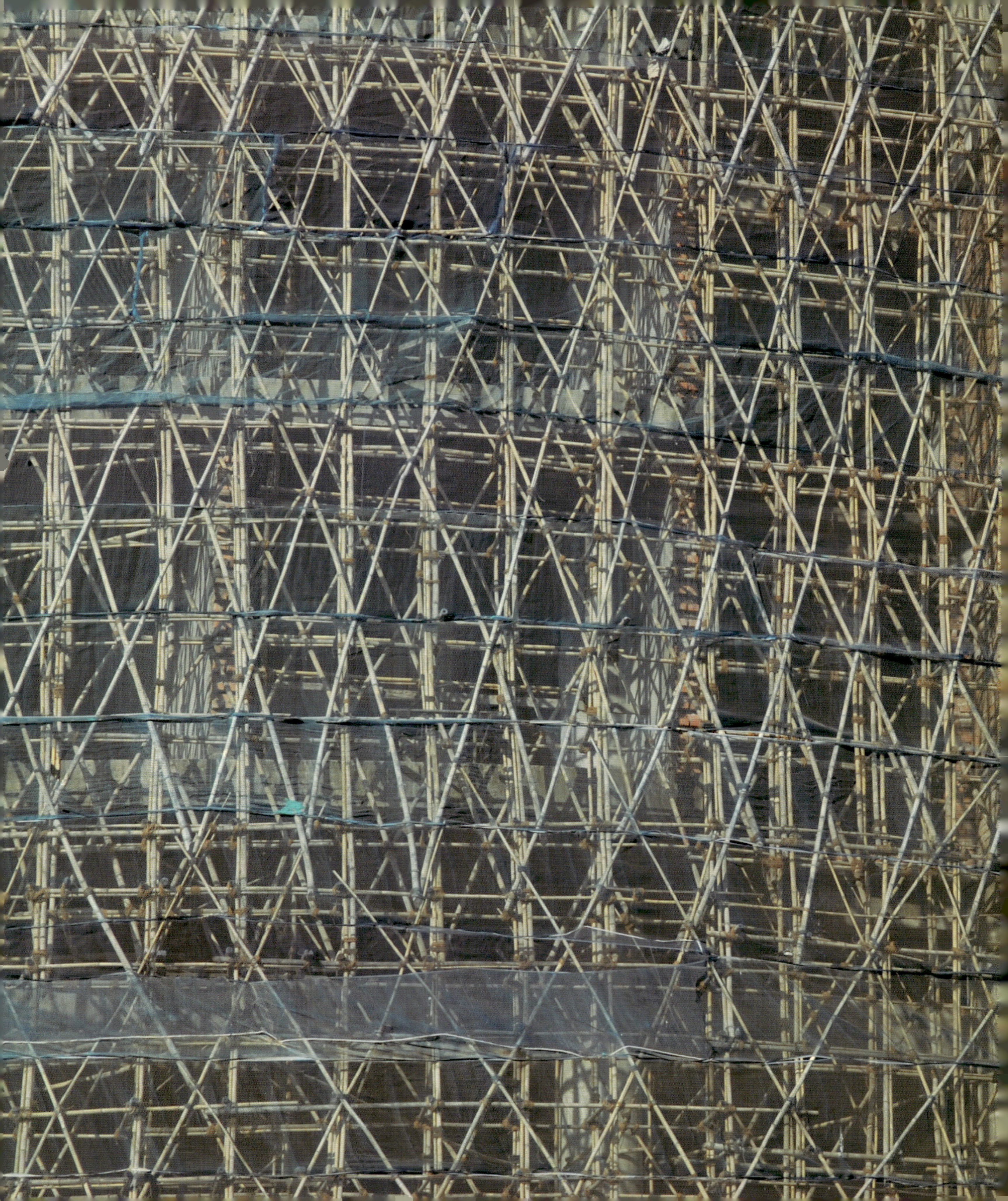

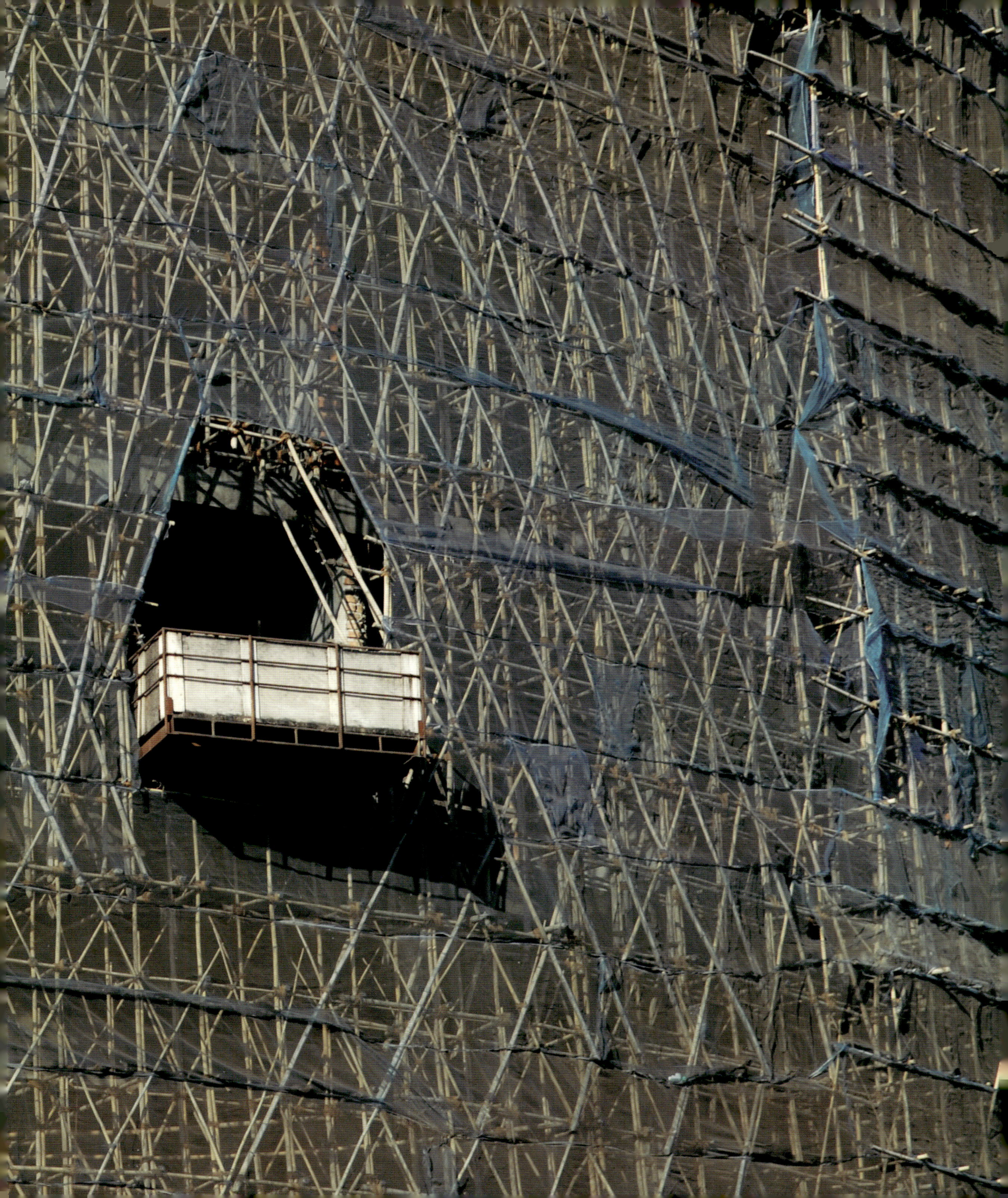

Couleurs

Après plus de soixante pays visités, jamais une aussi belle lumière ne s'était présentée à moi. Est-ce la position géographique du pays, le reflet du soleil sur les stûpas d'or ou plus subtilement la spiritualité bouddhiste qui émane de chaque Birmane et Birman ?...

Photographiquement, cette lumière est tout simplement un régal, diffuse et limpide aux aurores, ronde et vive en journée, chaude et oblique le soir. Elle est douce et soyeuse comme le pelage des félins birmans, jamais agressive, elle sublime les couleurs, bronze les bonzes, ravive en nous notre beauté intérieure éteinte. Elle transforme les rouges en amarantes, les bleus en rêves, les orange en robe safran, les verts en riz, les blancs en fleur de coton, les jaunes en or.

La Birmanie, terre d'or et de lumière...

< Ombrelles de Pathein en exposition
(Région d'Ayeyarwady).

Toutes les images sont des mensonges, l'absence d'image est aussi mensonge.

Bouddha

Jeunes Birmanes en longhi et corsage coloré, paya (temple) Ananda, Bagan (Région de Mandalay).

Balcon décoré à Nyaungshwe, lac Inle (État Shan).

90 % de la population birmane portent des tongs ; échoppe à Sittwe (État d'Arakan). ∧
Ombrelles fabriquées et peintes à la main, en cours de séchage. Pathein (région du delta). >

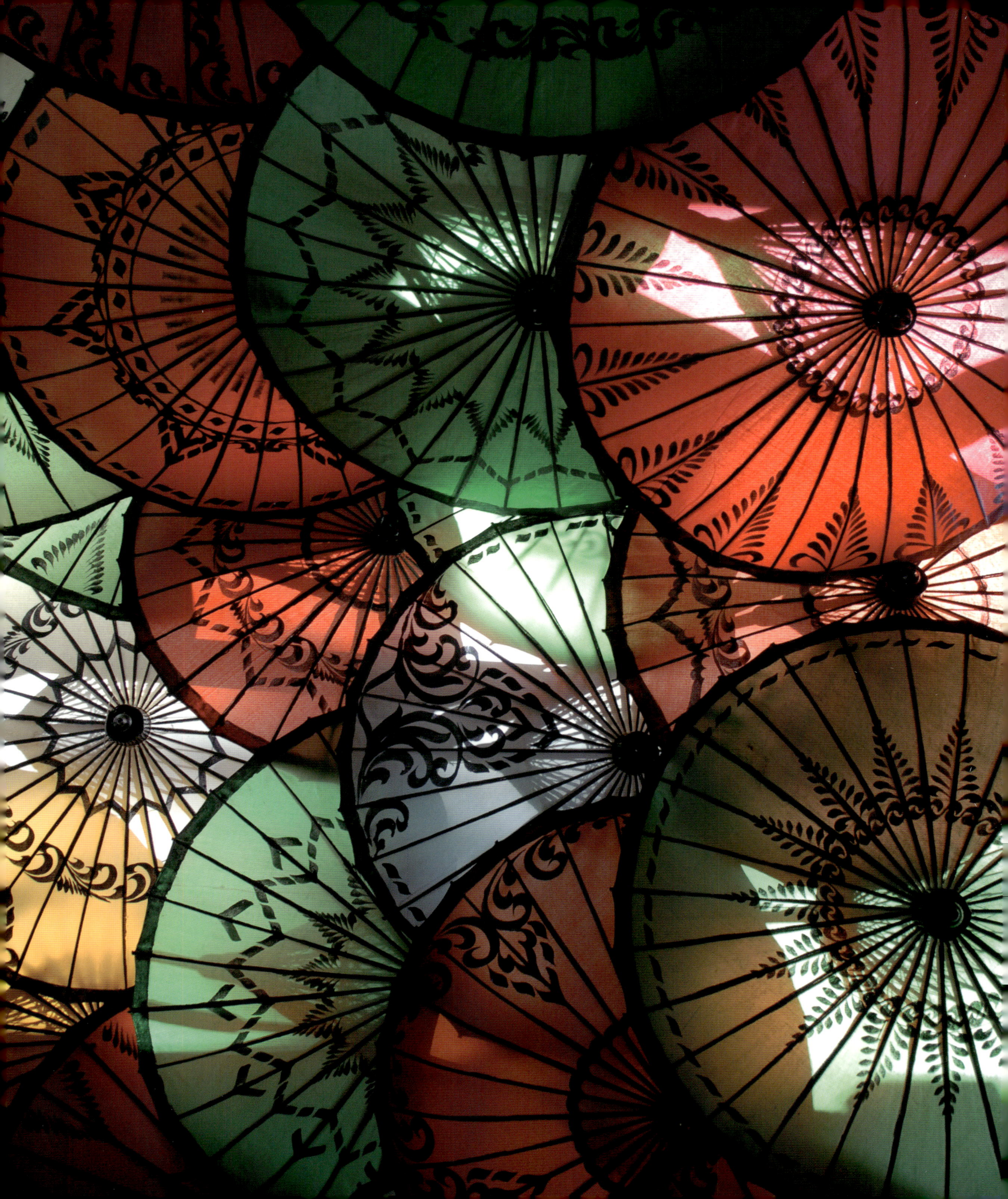

Vendeur indien de cordes de nylon dans les rues de Yangon.

Vendeurs de jus d'orange et de pastèque sur les trottoirs de Yangon.

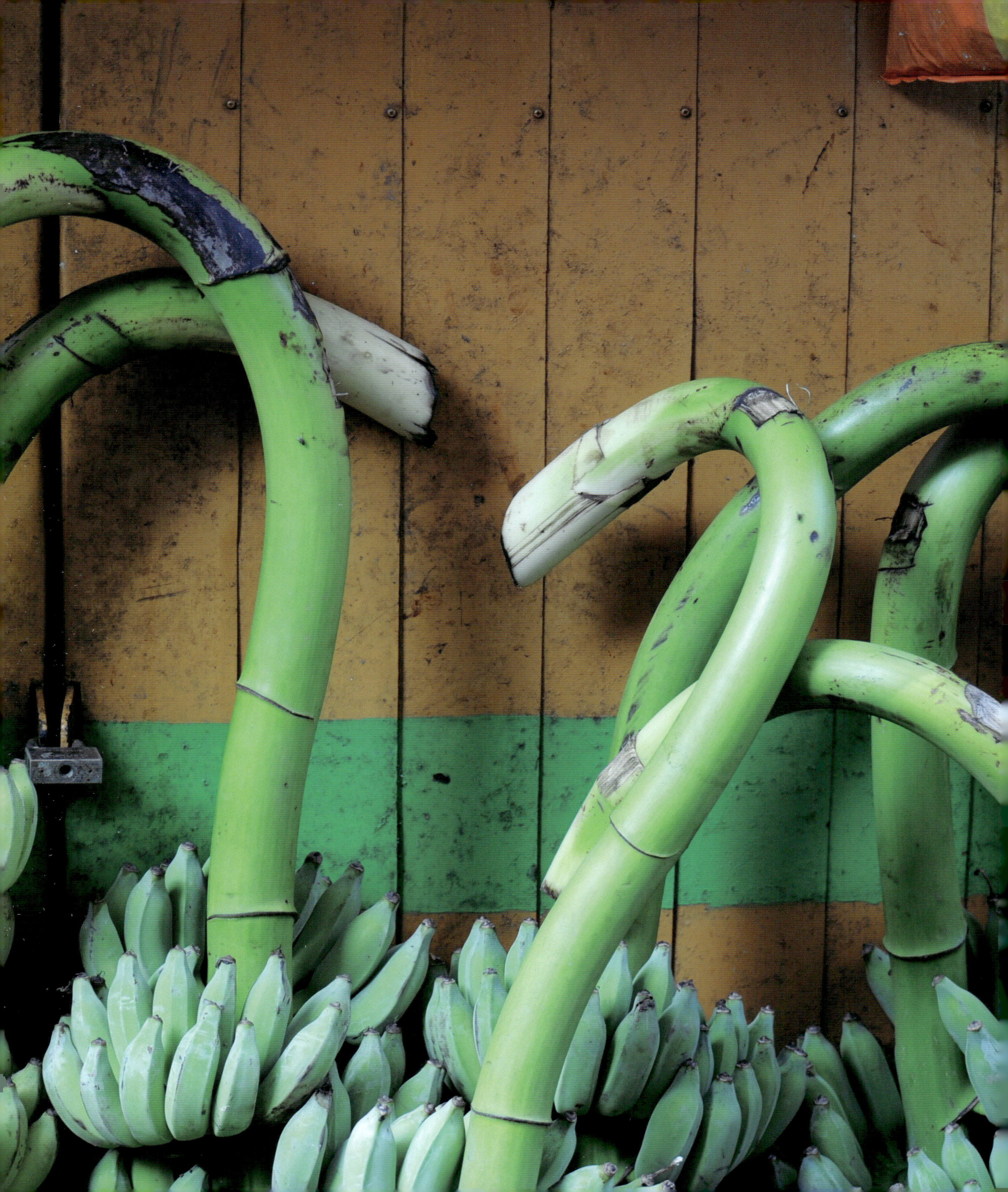

Rouleaux de feuilles de banane, fourrés de riz parfumé et cuits sur une tôle de fer, Yangon. ∧
< Régimes de bananes fraîchement coupés, marché de Loikaw (État Kayah).

Noix de coco fraîches vendues sur le marché de Thandwe (État d'Arakan).

Feuilles pour chiques de béthel (konya), patiemment rangées, marché de Bogyoke, à Yangon.

Chapelets pour moines ou civils, marché de Thandwe (État d'Arakan).

Exposition de jarres géantes pour entreposer l'eau, Bagan (Région de Mandalay).

Peinture birmane vendue sur le marché central Bogyoke, à Yangon.

Nourrisson lové dans ses couvertures, Meiktila (Région de Mandalay).

Rosace origamique de billets de 200 kyats pour les offrandes à Bouddha, Mandalay.

Containers pour poissons, port de Yangon.

Quatre bouddhas assis dos à dos, temple sur la route de Bagan (Région de Mandalay).

Siddhartha Gautama tout d'or vêtu, paya (temple) Shwedagon, Yangon.

Atelier en plein air de sculptures de bouddhas, Mandalay. ∧
Dépôt d'une feuille d'or sur le rocher Kyaiktiyo (Région de Bago). >
(Double page suivante) Étal hétéroclite d'antiquités, marché de Bogyoke, à Yangon.

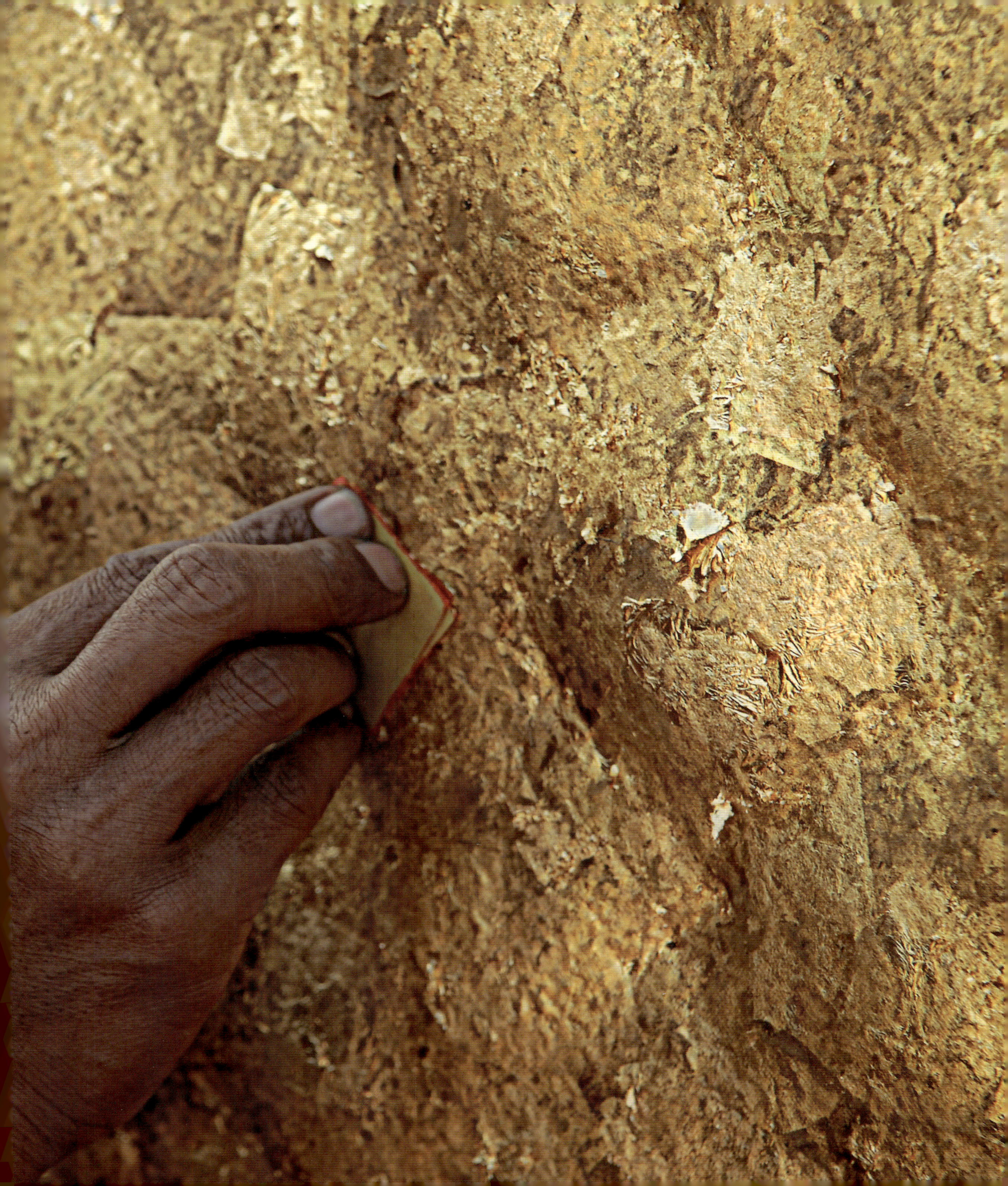

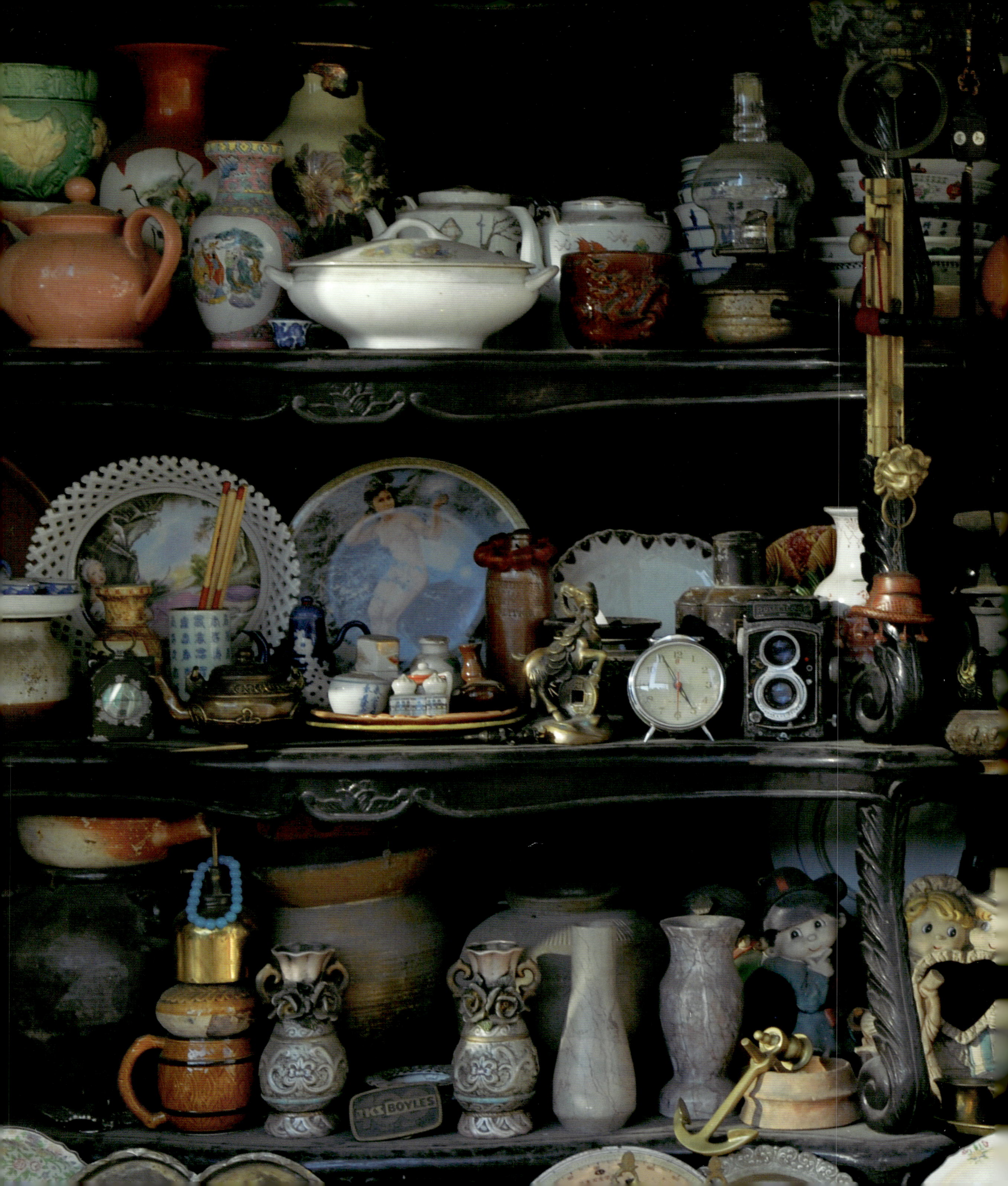
BOYLES

Un Regard, un Enfant

Contexte :
À la fin de cette journée, 59 000 enfants seront morts de malnutrition, de mauvais traitements, de guerres…, et 93 millions d'enfants âgés de 6 à 11 ans n'auront pas eu accès à l'école ; 126 millions d'enfants entre 5 et 14 ans auront vendu leur force de travail pour vivre ou survivre, et 120 millions d'entre eux resteront toute la nuit dans la rue.
Ces chiffres reflètent la réalité de millions de vies déjà brisées. Et pourtant, ce sont eux qui assureront le monde de demain. Il est important de ne pas les abandonner et de leur donner les moyens de se préparer un avenir meilleur.

Un Regard, un Enfant s'est donné pour objectifs :
- Aider la scolarité des enfants issus de milieux défavorisés ;
- Lutter contre la pauvreté infantile et l'esclavage des enfants ;
- Promouvoir la citoyenneté, les libertés, la justice et les droits de l'enfant dans le monde.

Engagement. Un Regard, un Enfant mène son combat sur différents fronts :
- Organiser des campagnes de sensibilisation des opinions publiques et des gouvernements dans le monde pour que, chaque année, des enfants sortent de la pauvreté et accèdent à un monde meilleur.
- Soutenir directement les enfants et leurs familles par des opérations de distribution de matériels scolaires, de produits de soin et d'hygiène et de jouets.
- Rénover des écoles entièrement équipées.
- Rénover ou construire des centres et écoles pour les enfants des rues.

"On ne diminue pas le bonheur en le partageant"
(Bouddha)

Un Regard, un Enfant
Tous les Enfants du Monde à l'école !

unregardunenfant.org

- ◀ - Page de gauche, Min Min, bénévole permanent, Yangon
- 1 - Primary school, Mingalar Thazi, Nyaung U (130 enfants)
- 2 - Primary school, Kyansitthar, New Bagan (200 enfants)
- 3 - Primary school n°2, Thandwe (80 enfants)
- 4 - Primary school n°7, Thandwe (110 enfants)
- 5 - Ei Nyen Htay (20 ans), financement de ses études, Linthar
- 6 - Donation de peluches et matériel scolaire, environs de Mandalay

L'association "Un Regard, un Enfant" vient en aide aux enfants défavorisés en France et dans le monde. Nous finançons également les études supérieures et des projets artistiques de jeunes adolescents/tes. Depuis sa création, plus de 16 000 enfants ont eu accès au savoir et à la dignité, grâce aux bénévoles qui militent pour les droits de l'enfant au sein de l'association. Nous sommes présents en France et dans de nombreux pays : Cuba, Bolivie, Maroc, Birmanie, Cambodge, plus sporadiquement Salvador, Colombie, Équateur, Pérou, Haïti, Bénin, Sénégal, Mali, Laos, Indonésie, Malaisie, Inde, Népal/Tibet. Naturellement, tous les bénéfices de la vente de ce livre, reversés à l'association humanitaire « Un Regard, un Enfant », seront destinés aux enfants défavorisés de Birmanie et à leurs familles. Plus de six cents enfants bénéficient de notre aide en Birmanie et sont ainsi scolarisés dans de bonnes conditions. Nous aidons financièrement la jeune chanteuse Zun May Aung, à Yangon, et Ei Nyen Htay pour ses études supérieures à l'Université, ainsi que des dizaines d'enfants au cours de nos déplacements à travers la Birmanie.

Un grand merci à toutes les sociétés, entreprises, institutions, banques ou médias qui ont aidé financièrement ou en dons de matériel scolaire ou de produits de soin et d'hygiène lors de nos missions humanitaires en Birmanie.

Lors de sa première visite en France, le 27 juin 2012, Mme Aung San Suu Kyi (prix Nobel de la Paix 1991 et alors chef de file de l'opposition birmane) a reçu en main propre du président de la République, M. François Hollande, l'ouvrage de Miguel Cruz *Escapades birmanes*.

80 EUROS DONNÉS C'EST :

80 € = 1 enfant scolarisé pour une année en Birmanie

3 LIVRES SCOLAIRES ANGLAIS, MATH, SCIENCES
1 SAC D'ÉCOLE / 1 TROUSSE / 1 GOMME / 12 CRAYONS
1 RÈGLE / 1 TAILLE CRAYON / 12 CAHIERS / 5 STYLOS /
UNE BOITE DE PEINTURE / 12 FEUTRES...

SHAMPOOING (50 SACHETS) / 2 SAVONS DE LAVAGE
6 SAVONS DE TOILETTE / 2 BROSSES A DENT
6 TUBES DE DENTIFRICE / 1 SERVIETTE DE TOILETTE...

1 UNIFORME (HAUT ET BAS) / 5 SOUS-VÊTEMENTS
3 PAIRES DE TONGUES...
PARTICIPATION SCOLARITÉ (DON À L'ÉCOLE)

Remerciements

Je voudrais tout d'abord remercier amoureusement ma femme Bettina, car sans elle ce livre n'existerait pas.
À nos deux enfants Lilly et Emilio, qui ont suivi nos pas aventuriers et aidé les enfants défavorisés à travers l'association humanitaire "Un Regard, un Enfant".
Un grand « sezubé » (merci) à Min Min, compagnon et guide depuis plus de dix années, qui m'a fait découvrir l'âme birmane, à tous les Birmans, Birmanes et leurs enfants qui ont prêté leurs visages éclairés à mon regard fusionnel.
Toute ma gratitude et mon amitié à mon éditeur Jean-François Valeri (Éditions Belize) qui a obstinément cru en ce projet, et à Marie-Paule Montmorency pour son aide méticuleuse dans la correction du texte de ce livre.
Un grand merci à toutes les personnes qui, de près ou de loin, m'ont soutenu dans mes escapades birmanes et dans l'élaboration de cet ouvrage : Ny Win, notre professeur de birman, et sa femme « Baby », San San Hnin Tun, Aug Win, propriétaire du « Golden Rose », Ute et Franck, Jo et Glen, « Lobster », Katia et ses triplés Julia, Hugo et Simon, James, Ingrid H, Hugues et Sandrine, Monique et Pedro, Philippe et Gisèle, Malick et Ingrid, Denis, Sandrine, Marie Noëlle, Julio, Éric, Didier et Dominique, Sophie, Adeline et Jacques, Gérard et Anièce, Bruno et Lucile, la famille Lefèvre, Lucián et Barbel, Fleur et Stéphane, Laure et Édouard, Mahnaz et Walid, Régis, Xavier, Nadhia, « Pan Pan », Maxime, Bruno V, Fred... et tous ceux ou celles qui manquent à ma mémoire éprouvée...

Et surtout merci aux 520 enfants que nous aidons chaque année à être scolarisés dans de bonnes conditions, pour leurs rires et sourires, pour leurs chants birmans qui m'accueillent à chaque visite dans leurs écoles.

Merci à mes fidèles compagnons : boîtiers Nikon FA, Nikon D200, Nikon D3 / objectifs : Angénieux et Nikon.

< Femme "girafe" ethnie Padaung, Loikaw (État Kayah).

BIRMANIE